아이는
부모의 말을 먹고
자란다

아이는 부모의 말을 먹고 자란다

초판 1쇄 인쇄 ｜ 2021년 04월 15일
초판 2쇄 발행 ｜ 2021년 04월 22일

지은이 ｜ 지현영
펴낸이 ｜ 최화숙
편집인 ｜ 유창언
펴낸곳 ｜ **아마존북스**

등록번호 ｜ 제1994-000059호
출판등록 ｜ 1994. 06. 09

주소 ｜ 서울시 마포구 성미산로2길 33(서교동) 202호
전화 ｜ 02)335-7353~4
팩스 ｜ 02)325-4305
이메일 ｜ pub95@hanmail.net ｜ pub95@naver.com

ⓒ 지현영 2021
ISBN 979-89-5775-238-8 03370
값 15,000원

아이는
부모의 말을 먹고
자란다

지현영 지음

아마존북스

내가 너무 커버린 걸까? 어린 시절, 초등학교 운동장은 내게 있어 넘을 수 없는 산과도 같았다. 한없이 커다랗던 운동장에서 친구들과 고무줄놀이, 그네뛰기, 철봉을 하며 놀았던 기억은 누구나 가지고 있다. 어린 시절에는 한없이 커다랗던 운동장이 작아진 걸까? 아니, 둘 다 아니다. 그저 내가 성장했을 뿐이다.

아이들은 원초적인 불안감과 두려움을 가지고 살아간다. 이러한 감정은 곳곳에서 만난다. 운동장은 아이들에게 세상과도 같다. 성장하면서 두려움과 불안감을 만날 때 부모로부터 받은 위로는 아이를 성장하게 한다. 부모의 따뜻한 말 한마디는 자존감으로 불안감과 두려움을 버티게 하는 원동력이 된다. 반면에 부모로부터 부정적인 말을 듣는 아이들에게 운동장은 한없이 크고 무서운 곳이다. 자존감이 낮아지고 열등감이 높아지는 만큼 세상에 대한 두려움도 커지기 때문이다.

자존감이 높은 아이는 누군가 의도적으로 괴롭힘과 따돌림을 하려고 해도 통하지 않는다. 하지만 자존감이 낮은 아이는 사소한 장난에도 과민반응하게 되어 잦은 다툼을 일으키고, 또 다른 아이를 괴롭히거나 괴롭힘을 당하기도 한다. 어떤 경우에는 다른 아이를 따돌리기도 하고 또 따돌림을 당했다고 호소하기도 한다. 만약 내 아이가 이런 말과 행동을 자주한다면, 사춘기 이전에 부모의 도움이 시급하다는 사인으로 받아들여야 한다.

감정은 네비게이션이라고 할 수 있다. 네비게이션은 내가 가고자 하는 길을 안내해 주는 역할을 한다. 아이가 태어나 세상에 단단하게 뿌리내리기까지 아이들의 세상을 안내해 줄 네비게이션은 부모의 말이 전부이다. 살아가면서 부딪히는 낯선 장소나 사람, 그리고 문제 상황에 마주했을 때 느끼는 불편함이나 뭐가 뭔지 알 수 없어 느끼게 되는 혼란스러움, 그리고 처음 맞게 되는 상황에서 뭘 어떻게 해야 할지 몰라 느껴지는 당황스러움 등은 부모의 말에 따라 해결할 수 있는 힘을 가지기도 한다. 그만큼 부모의 말은 중요하다.

부모가 알아주지 않은 감정은 아무리 나이가 들어도 사라지지 않는다. 행복해도 행복하다 말하지 못하고 울어버린 기억, 슬퍼도 슬프다고 말하지 못하고 울어버렸던 행동, 그리고 그 행동으로 인해 야단맞았던 기억들은 어른이 되어도 내 안에 살아 있다. 그 감정들은 나와 동거하며 나를 괴롭힌다. 또 매순간 감정을 조절하지 못하게 만들어 내 삶을 방해하기도 한다.

내 삶을 주도적으로 이끌어 가는지의 기준은 감정에 있다고 해도 과언이 아니다. 자신의 감정을 알지 못하면 문제 상황에 직면했을 때 올바른 선택이 아닌 잘못된 선택을 하는 실수를 하게 되기도 한다. 하지만 이러한 실수는 내가 원하는 삶이 아니다. 아이들도 마찬가지다. 부모의 말로 인해 해소되지 않았던 자신의 감정이 뭔지도 모르니 학습과 친구 관계가 마음대로 되지 않는 실수를 계속하게 된다.

나는 학교상담실을 통해 만난 아이들의 감정이 부모의 말로 인해 억압받고 무시당하는 것을 보았다. 부모로부터 받았던 부정적 말들은 나와 다른 사람을 망가뜨린다. 해소되지 않은 감정은 학습을 방해하고 원만한 친구 관계를 맺지 못하게 만든다. 해소되지 않은 감정들이 내 안에 들어오면 우리는 이를 억제하고 가두려 한다. 하지만 그러면 그럴수록 이런 감정들은 나도 모르게 입 밖으로 말이 되어 튀어나온다. 그리고 튀어나온 그 말들은 부메랑처럼 독화살이 되어 아이를 정조준한다.

감정을 어떻게 조절해야 할지 모르는 아이들은 결국 가해자도 피해자도 없는 다툼을 일으키게 된다. 문제는 이런 억울한 마음을 간직한 채 교실 생활을 하는 아이들이 너무나 많다는 사실이다. 이런 아이들과 부모들을 보며, 절실히 도움이 필요하지만 부모조차 어떻게 해야 할지 모른다는 것을 나는 발견할 수 있었다. 그래서 나는 내가 할 일이 '부모 대신 아이들의 감정을 어루만져주는 것'이라는 결론에 도달했다. 부모가 해줄 수 없는, 감정을 받아주고 표현하며 스스로 조절할 수 있는 방법을 교육했다. 하지만 아이들과 만남이 깊어질수록 안타까움은 커져만 갔다. 이유는 부모들이 먼저 배워야 한다는 점이었다. 아이의 문제는 부모가 함께 교육받지 않고 훈련하지 않으면 아이 역시 새로운 방법을 습득하지 못하기 때문이었다.

아이의 문제를 아이에게만 국한시켜 적용하는 많은 방법들(정신과적 치료, 개인상담 등)은 부모가 바라는 아이의 긍정적 행동을 얻지 못한다. 아마 다들 충분히 이를 경험했을 것이다. 그리고 이는 곧 '아이의 세상은 부모가 전부'라는 것을 보여 주는 좋은 예다. 부모가 빠진 치료적 접근은 시간 낭비일 뿐, 이미 골든타임을 놓친 것이라고 보아야 한다.

자녀교육 문제는 부모가 혼자서 다 할 수 없다. 미래교육이 바뀐다고 해도 바뀔 수 없는 것은 인간다워지는 것이다. 내 자녀를 인간답게 성장시키고 공부도 함께 가져갈 수 있는 비법은 부모의 말 속에 있다. 부모의 말과 태도에서 아이들은 감정을 배운다. 자신이 존중받는지 무시받는지를 아이들은 누구보다 잘 안다. 그래서 부모가 먼저 배워야 한다. 아이의 감정을 들어주고 표현하도록 도우며, 건강하게 말과 마음을 주고받는 소통 방법을 알아야 한다. 소통은 곧 아이의 미래와 직업, 그리고 인간관계의 척도가 된다. 이미 몇 번이고 강조했듯이, 아이는 부모의 말을 먹고 자라기 때문이다.

코로나 시대로 비대면 교육이 활성화되면서 이제 부모의 역할은 매우 중요해진다. 따라서 부모는 우리의 역할이 무엇인지 스스로 공부해 나가야 한다. 지금의 부모세대들에게 아무도 가르쳐주지 않았던 감정을 나누는 소통대화법, 즉 '부모가 자녀에게 말을 어떻게 해야 하는가?'는 여전히 부모의 손에 달려 있다. 부모의 말은 아이의 자존감(나는 나 자체로 가치 있는 사람)을 키우기도 하고 자존심(또는 열등감)을 키우기도 한다. 행복한 부모의 아이들은 자존감이 높다. 문제는 자존감은 태어나는 것이 아니라 부모의 말 속에서 만들어진다는 사실이다.

CONTENTS

Part 1
부모의 말과 태도는 아이들이 닮아간다,
그리고 대물림된다

Part 2

감정을 알아주는 부모에게서 자란 아이는
학습능력이 뛰어난 아이로 자란다

Part 3
질문하는 부모에게서 자란 아이는
사회적 능력을 강화시킨다

Part 4
부모의 긍정적인 말투는
내 아이 자존감을 성장시킨다

Part 5
행복한 부모의 삶을 본 아이들은
자신의 인생을 스스로 설계한다

부모의 말과 태도는
아이들이 닮아간다,
그리고 대물림된다

01
부모도 교사도 모르는
교실 안 풍경

　수업을 마치는 소리인 베토벤의 '엘리제를 위하여' 멜로디가 교실에 울려 퍼지면 시끌벅적한 아이들의 세상이 펼쳐진다. 아이들은 수업 내내 자리를 지키느라 배배 꼬였던 몸을 쭉쭉 펴기도 하고 이리저리 왔다 갔다 까르르 웃고 떠들며 활기 넘치는 모습을 보인다. 그런데 그때, 갑자기 교실 한쪽에서 왜 내 지우개를 허락도 없이 가져가느냐고 난리가 난다. 다른 한편에서는 뭔가 할 말이 있어 신나게 다가오는 친구를 밀치며 퉁명스럽게 비키라고 말하는 소리가 들린다. 그 와중에 또 교실 저쪽에서도 심각한 일이 벌어진다. 여럿이 모인 틈에 끼지 못한 아이가 친구들에게 밑도 끝도 없이 큰소리로 따지고 들기 시작한 것이다.

"야, 너희들은 왜 맨날 너희들끼리만 노는데!"

그 말을 듣고 모른 척 피해 버리는 아이들 가운데 우두머리격인 한 아이가 억울하다는 듯 맞받아친다.

"너는 왜 맨날 화를 내!"

그러자 따지던 아이가 울먹이며 소리친다.

"내가 언제? 선생님한테 왕따시킨다고 이를 거야!"

어느 날, 내 아이가 학교에 가기 싫다고 말하거나 친구들과 잘 지낼 방법을 모르겠다고 울먹인다면, 게다가 친구들에게 은근슬쩍 따돌림까지 당한다고 한다면 어떻게 해야 할까? 이럴 때 가장 먼저 행해져야 할 것은 부모 자신이 내 아이와 얼마나 소통이 잘 되고 있는지를 점검하는 일이다. 가정에서 이뤄지는 아이와 부모의 소통이 친구 관계에도 많은 영향을 미치기 때문이다.

아이들은 부모와의 관계를 통해 세상에 적응해 나가는 힘을 기르고, 자신의 말과 행동을 스스로 선택하고 책임지는 태도를 배워 나간다. 아이들의 말을 잘 들어보면 평소에 부모의 말투가 어떤지를 가늠해볼 수 있다. 특히 1, 2학년 아이들은 부모의 말을 그대로 따라 하는 경향을 보인다. 할머니의 손에 자란 아이가 할머니와 꼭 닮은 말투를 쓰는 것처럼 말이다.

아이들의 행동 역시 평소에 부모와 어떻게 지내고 있는지를 고스란히 보여 준다. 저학년 교실에서 아이들은 "선생님, ○○○이가 ○○를 때렸어요!", "선생님, ○○가 욕했어요!" 등 언제고 교사에게 달려와 친구의 잘못을 이르기 바쁘다. 만약 이 아이들이 부모와 소통이 원활한 가정에서 자랐다면 어땠을까? 아마 교사에게 이르기 전에 친구와 대화를 통해 그 일을 해결해 보려고 시도할 것이다. 또 어떤 아이들은 "선생님, 이거 할까요?", "선생님, 물 마셔도 돼요?" 하고 하나부터 열까지 교사에게 물어본다. 이런 아이들의 경우, 가정에서 부모에게 존중을 받는다면 일일이 허락을 구하지 않고도 많은 경우에서 해야 할 행동과 하지 말아야 할 행동을 스스로 판단할 수 있을 것이다.

부모는 아이와의 원활한 소통을 통해 '대화란 서로 주고받는 것'임을 알려주어야 한다. 교실 안에서 아이들이 그려내는 풍경을 보고 있다 보면 우리 아이들이 친구들과 서로 소통하는데 무척이나 서툴다는 사실을 금방 깨달을 수 있다. 많은 아이들이 서로 원수가 되어가는 줄도 모르고 친구의 말을 허투루 듣거나 장난스럽게 받아친다. 또 서로 멀어지는 줄 모르고 친구의 말을 못 들은 척 또는 모르는 척하기도 한다. 심지어 어떻게 다가가야 할지 몰라 '툭' 치는 행동으로 말 걸기를 대신하기도 한다. 더 심한 경우, 울음으로 자기 마음을 알림으로써 친구를 가해자로 만드는 경우도 있다. 대화로써 상대방의 마음에 똑똑똑 노크할 줄 모르고 닫힌 문 앞에다 툭 말을 던져 놓는 격인 셈이다.

몇 년 전, 은빈이(5학년)가 학교 상담실을 찾아온 적이 있다. 예쁜 얼굴에는 근심이 가득했고 잔뜩 풀이 죽어 보였다. 문득 친구 문제 이지 않을까 하는 생각이 들었다. 고학년 아이들에게는 주로 동성 의 또래 집단으로 어울리는 친구관계가 무엇보다 중요하기에 문제 가 생길 경우 그만큼 힘들어하기 때문이다.

"선생님, 제가 '은따(은근히 따돌린다는 말)'를 당하고 있어요. 어떻게 해서라도 친구들과 화해하고 예전으로 돌아가고 싶어요."

"저런, 많이 힘들었나 보구나."

은빈이의 눈에서 꾹 참았던 눈물이 볼을 타고 흘러내렸다. 나는 가만히 아이를 다독이며 스스로 이야기하기를 기다려주었다. 잠시 후 울음을 그친 은빈이가 자초지종을 말하기 시작했다.

"저희 반 여자애들은 두 그룹으로 나뉘어요. 저도 그중 한 그룹에 속 해서 잘 지내고 있었는데 갑자기 애들이 제가 다가가도 피하고 말을 걸어도 안 받아주면서 저를 유령 취급하는 거예요. 거기다 일부러 제 앞에서 귓속말까지 하는 걸 보니 너무 속상해요!"

"친구들이 언제부터 그랬니?"

"며칠 전까지는 아무 일 없이 잘 놀았어요."

"무슨 일이 있었니?"

"잘 모르겠어요. 처음에 잘 지낼 때는 저희 여섯 명 중에 제가 리더였거든요. 그런데 언제인지 모르게 밀려나서 왕따가 돼 있더라고요."

아이들의 세계에서 리더가 된다는 건 무척 행복한 일이다. 모든 아이들이 자기와 친하게 지내고 싶어 하기 때문이다. 대신 그만큼 리더가 되고 싶어 하는 아이들이 많기 때문에 그 자리를 지키기 또한 어렵다. 서로 뺏고 뺏기는 자리인 셈이다. 그중에서 가장 흔한 경우는 그 자리를 탐내는 누군가가 다른 친구들에게 리더에 대해 거짓이나 과장으로 안 좋은 소문을 퍼뜨리게 된다. 그러면 다른 아이들은 누가 옳고 그른지를 따지기 전에 자기도 이 그룹에서 밀려나 '따돌림'의 대상이 될까 봐 불안을 느끼게 되고, 거짓을 퍼뜨리는 그 친구의 말과 행동이 싫지만 분위기를 살피다 그룹의 새로운 리더(힘 있는 친구)를 따라간다. 그리고 이는 비단 여자아이들만의 문제는 아니다.

고학년 남자아이들의 말과 행동에서도 비슷한 양상들이 나타난다. 한번은 지환(5학년)이가 찾아와 고민을 털어놓았다. 학교에서 친구와 다퉜는데 자기편이 아무도 없는 게 억울하다는 것이다. 지환이는 평소에 같은 반 친구인 A가 반 아이들의 관계를 좌지우지하는 것이 마음에 들지 않았다. 그리고 A 옆에는 항상 심부름꾼처럼 A가

시키는 일이면 뭐든 다 하는 B가 있었는데, 지환이는 그런 B가 더 미웠다고 한다. B는 반에서 누구보다 힘 있는 A에게 바짝 붙어 다니며 그 아이의 뜻에 앞장서는 행동 대장이었던 셈이다. A와 B는 심심할 때마다 합심해서 지환이를 괴롭혔다. 지환이가 하는 말에 "웃기네.", "됐거든." 같은 빈정거리는 말로 다른 친구들 앞에서 창피를 주고, 싫다는데도 축구를 하자면서 억지로 끌고 나가 일부러 한번도 공을 주지 않고 따돌리기도 했다. 또 축구를 그만하겠다고 하면 다음부터는 안 끼워준다면서 협박하기도 했다. 지환이가 무엇보다 억울했던 건 다른 친구들이 두 아이의 행동을 알면서도 모른 척한다는 것이었다. 결국 계속되는 괴롭힘과 따돌림을 참지 못하게 된 지환이는 직접 A에게 "한판 뜨자."고 했다는 것이다.

이처럼 교실 안에서 아이들은 대부분 불편한 진실보다 안전한 거짓을 선택한다. 자신이 따돌림의 대상이 될까 봐 혹은 자신에게 피해가 올까 봐 불안하기 때문이다. 때때로 용기 있게 맞서는 아이가 나타나면 자기들이 애써 외면하고 있는 일을 들쑤셔 문제를 일으킨다며 그 아이를 '못난이' 취급한다. 지환이의 경우가 바로 이런 케이스다. 이렇게 못난이가 되면 친구들과 어울려 놀기 위해 무던히 애를 써야 하고 결국 학교에서 분노조절장애가 있는 사람처럼 취급받는 등 어려움을 겪게 된다.

부모가 모르는 교실 풍경 속에서 우리 아이들은 친구 사이에서 밀려나기도 하고 그룹의 리더가 바뀌는 걸 경험하기도 한다. 또 '왕따'로 인식되는 게 두려워 혼자 놀기를 꺼리고 그룹 안에 속하려고 애를 쓰게 된다. 아이가 몇 달에 걸쳐 지속적으로 관계에서 밀려나 있다면 부모와 교사, 즉 어른의 도움이 필요하다. 하지만 무엇보다 우선시 되어야 할 것은 문제가 생기기 이전에 부모와의 관계에서 대화로써 편안하게 소통하는 법을 배워야 한다는 점이다. 이를 위해서는 부모가 평소 아이의 말에 귀를 기울이고 아이의 마음을 배려하며 존중하는 노력이 필요하다.

부모와 원활히 소통하는 아이들은 친구 관계를 잘 가꿔나가며 자연스럽게 다른 사람과의 차이를 인정하게 되고, 사회 속에서 조화롭게 하나가 된다. 부모와의 관계가 아이의 현재 친구 관계뿐만 아니라 성인이 되어 사회에 나가서까지 인간관계에 영향을 미칠 수 있다.

내 아이가 친구들과 잘 지내기를 바라는 마음은 모든 부모가 같다. 그러니 그런 바람을 위해서라도 부모가 먼저 평소 아이에게 건네는 말 한마디의 중요성을 인식하도록 하자. 서로 주고받는 대화를 통해 자기 마음을 표현하고 상대를 존중하는 태도로 친구의 말에 귀 기울일 줄 안다면, 우리 아이들의 교실은 거친 고함소리보다 밝고 건강한 웃음소리로 가득 찰 수 있다.

02
집에서
새는
바가지

아야 뛰지 마라 배 꺼질라.

가슴 시린 보릿고개길…….

가수 진성이 부른 '보릿고개'의 첫 소절이다. 오죽하면 배 꺼진다고 아이에게 뛰지 말라고 했을까? 그만큼 어려웠던 시절의 애환이 느껴지는 노랫말이다. 먹고 살기 급급했던 시대에 긍정적인 부모 역할을 해내기란 쉽지 않았을 것이다. 그래서 그때는 가부장적인 부모의 말에 순종하는 것이, 하고 싶은 말이 있더라도 참는 것이 미덕이 되기도 했다. 그러나 가파른 성장곡선을 그리며 물질적으로 풍요로운 시대를 맞이한 오늘날에는 아이에게 정서적인 풍요를 채워주는 것이 무엇보다 중요한 이슈이다. 열심히 사는 것만 보고 배우며 성장한 부모들에게 아이의 정서적인 부분을 어떻게 채워야 할지는 큰 숙제다. 안타깝게도 그 역할을 해줄 사람은 학교 교사나 학원 강사가 아닌 부모 자신이기 때문이다.

부모가 자라면서 사랑의 말을 좀처럼 들어보지 못했다면 아이에게 사랑을 표현하는 것 역시 쉽지 않다. 따뜻한 위로나 격려를 건네고 싶어도 마음만 앞설 뿐, 입으로는 어떤 말을 골라야 할지 몰라 어렵게만 느껴진다. 어쩌다 큰마음 먹고 칭찬을 해 보려고 하면 어색함에 입이 떨어지지 않고, 간신히 용기 내어 말했다가도 도리어 아이에게 "그냥 하던 대로 하세요."라는 핀잔을 듣기 일쑤이다.

칭찬을 하는 것이 왜 이렇게 어려울까? '고기도 먹어본 사람이 잘 먹는다'는 말이 괜히 있는 것이 아니다. 칭찬을 받아본 경험이 부족한 만큼 다른 사람을 칭찬하는 것이 민망하고 어렵게 느껴지는 건 어쩌면 당연한 것이리라. 사정이 이렇다 보니 많은 부모들이 이런 걱정을 하고는 한다. '혹시 나는 내 부모가 그랬던 것처럼 아이가 행하는 작은 일에도 쉽게 판단을 내리고 명령하는 부모가 되어 있는 것은 아닐까?' 하는 걱정을.

학교 상담사로 근무할 때의 일이다. 쉬는 시간에 교실을 관찰하던 나는 아이들이 대화하는 모습을 보다 깜짝 놀라고 말았다. 마치 엄마가 아이에게 소리치듯, 아이들이 친구가 든든 말든 자기 하고 싶은 말만 큰소리로 외치고 있는 것을 목격하게 되었다. 다음 날,

초등학교 1학년 교실로 상담 수업을 들어간 나는 전날 보았던 장면을 아이들에게 이야기해 주었다.

> "선생님이 어제 다른 반에 갔다가 엄마가 야단치는 것처럼 친구에게 소리치는 아이들을 보고 깜짝 놀랐어요. 여러분은 그러지 않겠죠?"

당연히 "네!"라는 대답을 예상했던 내 마음과 달리 교실이 일순간 조용해졌다. 어리둥절해진 나는 다시 한 번 물었다.

"왜 대답을 안 하나요?"

그러자 서너 명이 약속이라도 한 듯 동시에 대답했다.

"우리도 그래요!"

부끄러워하면서도 작은 목소리로 대답하던 그 아이들의 솔직한 모습을 나는 지금도 잊을 수가 없다. 만약 그 아이들이 1학년이 아니라 고학년이었다면 어땠을까? 아마 실제로 자신들의 대화방식이 어떻든지 간에 "우리는 안 그래요."라고 대답했을지도 모른다.

부모는 내 아이를 잘 양육해야 한다는 생각에 급급해 크게 소리를 치고는 한다. 지금 내 앞에 있는 사랑스러운 아이의 모습은 제대로 보지 못한 채, 먼 미래에 내 아이가 좋은 직업을 갖고 훌륭한 삶을 살아야 한다는, 부모로서의 기대치를 충족시키려 하는 것이다.

뿐만 아니라 부모는 자신이 이루지 못한 삶을 아이를 통해 대리만족하고 싶어 하기도 한다. 이처럼 진정으로 아이를 위하는 마음과는 상관없이 부모의 가슴 깊이 내재된 이러한 열망들은 성급하게 다른 아이와 내 아이를 비교하게 만드는 원흉이 된다. 그리고 결국 부모는 자기 뜻대로 움직이지 않는 아이에게 "숙제해라." "방 청소해라." "공부해라." 등의 말을 소리치게 된다. 그러나 부모의 이런 짜증스런 말투는 아이를 더욱 화나게 만들 뿐이다. 부모가 먼저 자신의 감정을 제대로 들여다본 뒤에 아이에게 차분하게 말할 줄 알아야 하는 이유다.

앞서 이야기한 '친구가 듣거나 말거나 자기 하고 싶은 말만 하는 아이들'의 사례는 부모의 말이 얼마나 중요한지를 절실히 느끼게 해준다. 소리치는 말투에 익숙해진 아이들은 부모의 평소 말투 그대로 학교에서 친구에게 소리치듯 말한다. 그리고 이런 아이들과 반대로 어떤 아이들은 큰 목소리로 말하는 친구에게 이유 없이 짜증내거나 화를 낸다. 부모의 큰 목소리에 지속적으로 노출되어 스트레스를 받은 것이 그대로 표출되는 셈이다.

부모의 말투로 인해 스트레스가 극에 달한 아이들은 결국 자기 감정을 조절하지 못하는 상황에 이르게 된다. 아이 스스로가 있는 그대로 자신을 드러내지 못한 채 감추는 경향을 보이거나, 상황에 직면하지 않고 회피하려 하고, 심한 경우 공격성을 드러내기도 한다. 자신을 감추는 아이의 경우, 감정을 말로 표현하지 않고 누구와도 소통하지 않은 채 말없이 학교생활을 하게 된다. 회피하는 아이의 경우, 학습을 비롯한 부모가 원하는 행동들을 실천하는 것을 매우 힘들어하여 무조건 나중으로 미루려고 한다. 그리고 공격성을 드러내는 아이는 학교에서 자주 다툼을 일으키고, 심한 경우 자기도 모르게 부모에게 대들기도 한다.

아이들은 하루의 3분의 1을 교실에서 생활하기에 부모가 아이들에게 대화를 통해 소통하는 법을 알려주는 것은 그만큼 무척이나 중요한 일이다. 아이들이 자신이 원하는 것을 말로 표현하고, 또 친구가 원하는 것을 차분히 들어 줄줄 알아야 원활한 소통이 이뤄질 수 있기 때문이다. 대화의 방법을 모를 경우, 앞서 이야기한 사례처럼 밑도 끝도 없이 자기가 하려는 말만 큰소리로 이야기하게 된다. 이런 경우가 생기지 않기 위해 부모는 아이에게 '대화란 상대방이 들을 준비가 되었을 때 비로소 가능하다는 것'을 알려줘야 한다.

마찬가지로 아이에게 뭔가를 요구할 때도 아이가 그 이야기를 들을 준비가 되었는지 확인하고 대화를 시도해야 한다. 그러나 평소 부모가 일방적으로 자기 할 말만 내뱉는 방식으로 이야기했다면, 아이 역시 교실에서 부모로부터 받은 방식을 그대로 적용하게 된다. 그리고 이런 아이의 경우, 교사가 열심히 수업을 하고 있는 상황이더라도 자기가 하고 싶은 말이 있으면 그 말을 큰소리로 내뱉는다. 수업 시간인지 쉬는 시간인지조차 구분하지 못하고 수업을 방해하는 행동을 서슴지 않고 하게 된다. 그뿐만 아니라 특정 친구에게 하고자 하는 말도 모든 친구들에게 들으라는 것처럼 큰소리로 말한다. 수업에 집중하지 못하고 딴 짓을 하는 친구에게는 "야! 하지 마!"라고 소리치고, 소곤거리며 이야기하는 친구에게는 "야! 조용히 해!"하고 소리치며, 수업에 뒤처지는 친구에게는 "야! 빨리 해!" 하고 닦달하는 등 일일이 간섭을 한다. 부모가 집에서 자신에게 했던 말들을 교실에서 고스란히 똑같은 행동으로 옮기게 된다.

아이에게 학교에서 수업을 방해하라거나 친구들에게 피해를 줘도 된다고 가르치는 부모는 없다. 그러나 아이들은 그런 가르침보다 평소 부모가 행하는 말과 행동에서 더 많은 것을 배운다. 이 사실을 반드시 기억해야 한다. 아이는 부모에게 들었던 말들을 자연스럽게 학교에서 표출한다. 그렇게 친구들의 부적응 행동을 보게되면 부모에게 야단맞으며 느꼈던 불안한 심리가 되살아나 자기도 모르게 큰소리로 지적하게 되는 셈이다. '집에서 새는 바가지, 밖에서도 샌다.'라는 말처럼. 부모와 소통이 원활하지 못한 아이들은 이렇게 학교에서도 소통에 어려움을 겪는다.

아이에게 소통하는 법을 가르쳐주기 위한 첫 번째는 아이가 들을 수 있는 준비가 되었는지 확인하는 것임을 잊지 말자. 이때 무엇보다 중요한 것은 아이의 눈을 부드럽게 마주보고, 부드러운 말투로 대화를 해야 한다는 점이다. 이런 대화가 가능하기 위해서는 부모가 먼저 자신의 스트레스를 적절히 관리함으로써 감정을 조율한 상태에 있어야 한다. 부모의 불안은 아이에게 그대로 전달되기 때문이다. 부모로부터 불안한 감정을 받게 된 아이들은 그 감정을 고스란히 받아 시시때때로 불안함을 느끼게 되고, 이는 곧 아이들이 스스로를 컨트롤하지 못하고 매 상황에서 어떤 행동을 어떻게 해야 할지 몰라 하는 대혼란을 초래하게 된다. 아이와 긍정적인 대화를 나누는 것은 이처럼 그 무엇보다도 중요하다. 부모와 아이의 원활한 소통, 가정에서의 긍정적인 대화야말로 아이가 사춘기를 무탈하게 보낼 수 있는 지름길이라는 사실을 명심하자.

03

"괜찮다"는 말

아이가 자기 뜻대로 되지 않는다고 울음을 터뜨린다면, 가장 먼저 어떤 말을 건네야 할까? 아마 많은 부모들이 아이를 다독일 때 가장 쉽게 사용하는 말은 바로 "괜찮아."일 것이다.

인터넷에 '괜찮아'라는 말을 검색해 보면 '괜찮아 사랑이야', '사이코지만 괜찮아', '별나도 괜찮아', '좀 예민해도 괜찮아', '틀려도 괜찮아', '불편해도 괜찮아' 등등 수많은 '괜찮아'들이 눈앞에 펼쳐진다. 언젠가는 한 공익방송에서 번번이 취직에 실패해 낙심한 아들에게 어머니가 "괜찮다"고 위로하는 장면이 나오기도 했다.

그렇다면 여기서 잠시 생각하는 시간을 가져보자. "괜찮다"라는 말을 들으면 정말 괜찮은 걸까? 정말로 괜찮아지는 걸까?

잠시 타임머신을 타고 어린 시절로 돌아가 보자. 당신은 블록 장난감을 가지고 아주 오랜 시간 심혈을 기울여 멋진 창작물을 만들었다. 절대 빼먹지 않고 챙겨보던 만화영화도 뒤로 하고 말이다. 그런데 어느 결에 동생이 다가와 툭 건드리는 바람에 이제 막 완성된 나의 작품이 와르르 무너져버린다. 공들인 작품을 한순간에 잃게 된 나는 울음을 터뜨리고, 놀란 얼굴로 내게 달려온 엄마는 "괜찮아. 괜찮아."라고 말한다. 어떤가? 당신은 괜찮을 것 같은가?

다른 예를 들어보자. 당신은 체스를 두고 있다. 승부욕을 불태우며 긴 시간 동안 엎치락뒤치락 체스를 두던 당신은 마지막에 치명적인 판단 실수를 범함으로써 안타까운 패배를 맞았다. 기분이 어떨까? 생각만으로도 속이 부글부글 끓지 않는가? 당신은 결국 분을 이기지 못하고 울음을 터뜨린다. 그리고 잠시 후, 울음소리를 듣고 달려온 엄마는 이렇게 말한다.

"괜찮아, 괜찮아."

나는 아이가 어떤 기분을 느끼는지를 알려주기 위해 부모에게 위와 같은 가정을 바탕으로 역할극을 제안하곤 한다. 그러면 대부분의 부모들이 "아!" 하는 외마디 탄식과 함께 할 말을 잃는다. 문제에 직면한 아이에게 그저 "괜찮다"고 말하는 것은 상처에 어떤 약을 발라야 할지 몰라 무조건 빨간약을 바르는 것이나 다름없는 것이다. 문제는 "괜찮다"는 말이 만병통치약이 아니라는 사실이다. 때문에 '괜찮다'는 결코 아이가 받은 상처의 깊이나 크기를 헤아림으로써 아이의 마음을 치유해 주는 약이 되지 못한다. 아래의 에피소드를 한번 보자.

어느 날 학교에서 돌아온 아이가 엄마에게 시무룩한 얼굴로 70점을 받은 수학 시험지를 내민다. 아이의 표정은 매우 심란하고 눈에는 눈물이 그렁그렁 맺혀 있다. 이럴 때 엄마가 "괜찮다"고 말한다면? 물론 아이의 기분이 조금은 나아질 수도 있다. 하지만 아이는 여전히 마음속으로 다른 친구보다 점수가 낮아 속상하고 창피하다고 느끼고 있을지도 모른다. 점수 때문에 친구들에게 놀림받거나 무시당하지는 않을까 불안함을 느끼고, 담임 선생님을 실망시키게 되는 건 아닐까 죄책감을 느낄 수도 있다. 즉, '괜찮다'는 말은 아이의 이런 복잡한 감정까지는 헤아려주지 못한다는 점이다. 때문에 '괜찮다'는 말로 상황을 종료하는 것은 상처를 제대로 살피지 않고 빨간약만 바른 뒤 붕대로 덮어버리는 것이나 다름없다. 그리고 이렇게 아이의 감정을 부모 마음대로 괜찮은 것으로 일축해 버리는 일이 반복된다면, 아이는 자신에게 문제가 생길 때마다 해결하려고 노력하기보다는 스스로 괜찮다고 위로하며 책임을 회피하게 될 수도 있다. 그렇다면 "괜찮다"는 말 대신에 아이에게 해주어야 하는 말은 무엇일까?

먼저 아이를 존중하는 마음으로 속상한 감정을 제대로 들여다보고 공감해 주어야 한다. 그렇게 아이의 상처를 제대로 파악한 뒤에 괜찮은 것과 괜찮지 않은 것에 대한 기준을 명확히 세우고, 그 기준에 따라 아이의 마음을 이해해 주고 위로해 주어야 한다.

위의 가정을 예로 들어보자. 아이가 수학 시험에서 70점을 받은 것에 대한 '괜찮다'와 '괜찮지 않다'의 기준은 부모와 아이가 서로 다를 수 있다. 따라서 이런 경우에는 부모가 '중요한 건 친구나 교사 같은 다른 사람의 평가가 아니라 시험을 통해 내 실력을 제대로 진단하는 거야'라는 기준을 아이에게 먼저 세워주고, 그 후에 아이에게 '틀린 문제를 점검하는데 집중해야 한다'는 것을 알려주어야 한다. 만약 부모가 어떤 기준도 없이 기분에 따라 괜찮다고 말한다면 아이는 '그럼 나는 이 문제를 어떻게 해야 하는 거지?'라는 혼란에 빠지게 된다. 그리고 이러한 혼란은 곧 아이가 문제가 생겼을 때 회피하는 성향을 갖게 하거나 소극적으로 대응하는 성향을 보이게 만든다. 부모의 말 한마디가 아이의 문제 해결 능력에 큰 영향을 미치는 셈이다.

모든 부모는 내 아이가 규칙을 준수하며 자신의 실수에 책임을 다하기를 바란다. 그러나 이를 위해서는 부모가 아이에게 '상황에 따라 자기감정을 표현하게 하고 어떻게 행동해야 하는지'를 명확하게 가르쳐주어야 한다. 아이에게 문제가 생겼을 때 부모가 아이의 마음을 잘 들여다보고 그 감정을 헤아려준다면, 이는 아이가 나중에 비슷한 상황을 맞게 될 때 스스로 논리적인 사고를 함으로써 앞으로 나아가는 데 큰 도움이 된다. 그러나 무턱대고 "괜찮다"고만 말한다면, 아이는 힘든 상황에서 도대체 뭐가 뭔지 모르는 답답한 감정만 안고 상황을 넘어가게 된다.

아이의 감정을 자세히 살피거나 어떻게 행동해야 하는지를 함께 고민하지 않고 "괜찮아, 어쨌든 괜찮아." "괜찮아, 크면 철들겠지." "그건 네가 알아서 해야지." "다 그러면서 크는 거야."라고 말만 번드르르하게 하는 것은 부모로서의 책임을 회피하는 무책임한 행동이다. 아이가 맞게 된 문제와 상황, 감정을 제대로 살피지 않는 부모의 태도는 결국 아이에게도 마찬가지로 문제를 직시하지 않고 넘기는 무책임한 마음을 심어주게 된다.

'괜찮아, 잘 될 거야. 너에겐 눈부신 미래가 있어~'라는 노랫말처럼 때로는 열 마디 말보다 괜찮다는 말 한마디가 위로가 되는 순간이 있다. 하지만 자신의 마음을 말로 표현하는 것이 아직 서툰 아이들에게는 '괜찮다'라는 말보다 세심한 관심과 배려의 말이 필요하다. 부모가 아이의 마음을 잘 관찰하고 헤아려 건강한 생각을 키워줄 때, 아이는 스스로의 힘으로 눈부신 미래를 만들어갈 수 있다.

04

사랑의 잔소리는 이제 그만

부모가 자녀를 키우면서 가장 난감하다고 느낄 때는 언제일까? 아마 아이의 친구 관계 문제와 과하게 몰입하는 인터넷 게임 문제가 가장 큰 고민거리일 것이다. 하지만 이야기를 들어보다 보면 진짜 고민은 따로 있다는 사실을 알게 된다. 그건 바로 자녀와 이러한 문제를 화두로 이야기를 나누면서 생기게 되는 갈등이다. 부모들은 그럴 때마다 자신이 아는 방법을 총동원해서 문제를 해결하려 애쓰지만 노력과 달리 아이와의 관계는 점점 더 깊은 수렁으로 빠져들 수 있다.

예를 들어 보자. 아이가 친구와 다퉜을 때 "네가 잘못한 건 없니?"라고 물으면 아이는 그 말에 절대 수긍하지 않고 오히려 부모에게 화를 낸다. 그러면 부모도 뜻을 굽히지 않고 "네 생각만 고집하지 말고 엄마 말 좀 들어봐."라고 언성을 높인다. 결국 아이는 억울해하면서 문을 쾅 닫고 자기 방으로 들어가 버린다. 그러면 부모는 또 어떻게 해야 할지 몰라 난감하고 속상하다.

우리는 아이가 잘 되기를 바라는 마음으로 하는 말들을 사랑의 잔소리라고 부른다. 하지만 아이는 그런 마음이 담긴 말들로부터 그다지 사랑을 느끼지 못하는 모양이다. 잔소리를 들으며 자란 아이는 학교에서 집으로 돌아오면 인사는 하는 둥 마는 둥 하고 곧장 컴퓨터 앞으로 달려간다. 숙제를 비롯한 해야 할 일들은 뒷전이고 게임에 몰두하게 된다. 컴퓨터가 아닐 경우도 별다를 건 없다. 컴퓨터 대신 핸드폰이 온종일 아이의 손과 눈을 빼앗는다. 엄마는 그런 아이의 기분을 건드리지 않기 위해 눈치를 보며 말한다. "○○야, 집에 오면 엄마가 뭐부터 하라고 했지?", "할 일을 다 한 다음에 핸드폰하기로 한 거 같은데……."

이런 잔소리에는 부모의 조바심이 담겨 있다. 아이가 그런 말에 잘 따라준다면 아무 문제가 없겠지만 아이들은 커갈수록 잔소리를 귓등으로 넘기고 못 들은 척한다. 그러다 고등학생쯤 되면 "엄마, 저도 쉬고 싶어요! 핸드폰하는 게 쉬는 거라고요!"라고 말하며 자신의 행동을 합리화하는 것으로 방어막을 친다. 자녀의 입에서 이런 말이 나온다면 그 부모는 이미 아이를 통제할 능력을 잃은 것이다. 이후 벌어질 일은 이미 쫙 그어져 버린 금으로 인해 더욱 깊어질 갈등의 골이다.

　아무것도 모르던 유아기에는 잘 따라주던 아이들이 왜 자라면
서 부모의 관심과 지도를 참견으로 받아들이거나 부당하다고 여기
게 되는 걸까? 그 답은 바로 질문 안에 있다. 아이들은 자라면서 몸
만 성장하는 것이 아니라 생각도 함께 성장하기 때문이다. 아이들
은 여러 가지 지식을 습득하면서 하고 싶은 것도 많아지고 생각도
많아진다. 그리고 자연스럽게 스스로 자신의 일을 계획하고 결정하
고 싶은 욕구가 생기게 된다. 바로 이 지점이 갈등의 시작이다. 부
모는 아이의 생각을 고려하거나 배려하지 않고 언제까지고 시키는
대로 따르기를 강요한다. 자식을 걱정하는 마음이 담긴 말인 사랑
의 잔소리의 또 다른 의미는 곧 '부모의 잣대로 아이를 판단하고 평
가하는 말'이다. 그 말에는 아이의 감정을 무시하는 내용이 담겨 있
다. 부모가 일방적으로 정한 규칙에 아이가 무조건 따라주길 바라
는 것 자체가 무리한 요구이다. 따라서 아이가 성장함에 따라 부모
가 아이에게 해야 할 대화법은 대화를 통해 함께 규칙을 정하고 그
것을 지켜나가는 기쁨을 알려주는 일이다.

　이러한 대화법을 위해 가장 우선적으로 필요한 것은 무엇일까?
먼저 부모 두 사람이 공동의 교육관을 정립해야 한다. 때때로 부모
들은 두 사람의 서로 다른 교육관 때문에 아이를 혼란에 빠뜨리기
도 한다. 각자 자기 부모에게 받은 교육방식을 고집하면서 자녀에

게 따로따로 적용하려 드는 셈이다. 위의 사례에서처럼 아이가 친구 관계로 고민하고 있을 때 엄마는 "네가 잘못한 건 없니?"라고 묻는데 아빠가 "다 그러면서 크는 거야!"라고 말한다면 아이는 어떻게 받아들일까? 심한 경우 부부는 아이 앞에서 상대방을 향해 "내가 옳고 너는 틀렸다"는 다툼까지 벌이게 된다. 실제로 많은 부모들이 각자의 기준에 따라 서로가 가진 잘못된 교육방식을 고집하느라 심각한 갈등을 겪는다. 문제는 이 갈등으로 정작 해결해야 할 자녀의 문제는 온데간데없어지고 부부갈등으로 넘어가게 되는 경우가 많다는 점이다. 한 나라가 온전히 존재하려면 하나의 법이 필요하듯이 아이를 바르게 교육하기 위해서는 부모가 공동의 교육관을 가져야 한다.

몇 년 전, 초등학교 1학년 여자아이가 부모와 함께 상담실을 찾아왔다. 아이의 엄마는 나에게 "아이가 담임 선생님이 무서워서 학교에 가기 싫어한다."고 했다. 그런데 교사의 말을 들어보니 아이는 학교에서 친구들과도 잘 어울리고 학습에도 잘 참여하는 등 아무런 문제가 없다는 것이 아닌가? 하지만 어찌 된 일인지 아이가 입학한 지 세 달이 지나도록 학교 가는 것에 적응을 못 해서 결국 교사가 부모에게 유급을 권유한 상황이었다. 처음 상담실을 찾아왔을 때, 아이는 나와도 이야기를 하지 않으려고 했다. 시간이 좀 흐르고, 억지로 끌려온 아이의 마음이 어떨지 충분히 헤아려주고 공감해 주자 그제야 아이는 어렵게 내게 입을 열었다.

"피아노 학원에 가기 싫다는데도 엄마가 말을 안 들어줘요!"

아이는 감정이 복받쳐서 울음을 터뜨리며 말했다.

"피아노 선생님이 피아노 못 친다고 자꾸만 볼펜으로 손을 때린단
말이에요!"

아이는 큰소리로 한참 동안 서럽게 울었다. 아이의 엄마는 저학
년 때 예체능을 마쳐야 한다는 생각에 급급해 피아노 학원에 가기
싫어하는 아이의 감정을 무시했다. 아이의 아빠는 아이교육에 관
여하고 싶은 마음은 있었지만 어떻게 말해야 할지를 몰라 바쁘다
는 핑계로 아이에게 아무런 도움이 되지 못하고 있었다. 결국 아이
는 가기 싫은 피아노 학원에 자신을 억지로 보내는 엄마에 대한 반
항심으로 학교에 가지 않겠다고 떼를 쓰고 있었다. 즉, 아이의 말을
존중하지 않은 부모의 태도 때문에 벌어진 일이었다.

부모가 아이의 의견을 존중하지 않고 일방적인 규칙을 강요하면
아이는 부모에게 복수하려는 마음으로 등교를 거부하는 등의 행동
을 한다. 등교 거부를 하는 아이들을 만나보면 하나같이 부모가 자
신의 마음을 알아주기를 바란다. 아이도 부모에게 자기 마음을 어
떻게 표현해야 하는지를 몰라 벌이는 최후통첩인 셈이다.

이런 경우 아이는 공부뿐만이 아니라 그 외의 것들까지도 거부
하게 된다. 그러다 보니 자연스럽게 컴퓨터와 핸드폰 세상 속으로
도망가 버리게 되는 경우가 많다. 심각한 경우 사춘기에는 될 대로

되라는 식으로 자퇴를 희망하며 자신의 미래를 놓아버리기도 한다. 사태가 이쯤 되어서야 부모들은 심각함을 느끼고 '내가 뭘 잘못했던 거지?' 하며 원인을 찾아보려 한다. 하지만 많은 부모들이 아주 일찍부터 자신들이 아이에게 이런 방향을 택하도록 영향을 끼쳤다는 사실을 깨닫지 못한다. 그저 뭘 잘못했는지를 몰라 전전긍긍할 뿐이다.

아이를 학원에 보내지 말라거나 무조건 쉽게 하라는 뜻이 절대 아니다. 해야 할 일을 권하거나 학습과목을 하나씩 늘려갈 때마다 부모가 아이에게 '왜 그렇게 해야 하는지'를 충분히 잘 설명해 주어야 한다는 것이 핵심이다. 위압적인 태도를 버려야 한다. '무조건 해야 한다'라는 건 없다.

또한 얼마만큼 해낼 수 있을지 아이의 생각을 묻고 존중하며 함께 규칙을 정해서 반드시 지키도록 노력해야 한다. 마찬가지로 규칙을 지키지 못했을 때 어떤 벌칙을 적용할지도 아이 스스로 정하도록 해야 한다. 단 여기에는 유연성을 둬야 한다. 예를 들어 집안 행사가 있을 경우 어떻게 해야 할지에 대해서도 아이와 충분히 이야기를 나누고 협의해야 한다. 부모 마음대로 해야 할 일을 줄여주거나 미리 주말에 하라고 요구하는 것은 좋지 않다. 아이에게 어떻게 하면 좋을지 먼저 물어보고 의견을 듣고 난 뒤에 부모의 생각과 다르다면 적절히 조율할 줄 아는 요령이 필요하다.

무엇보다 중요한 것은 아이 스스로 자신의 일을 선택하고 책임지게 하는 가족문화를 만드는 일이다. 부모의 잣대로 아이의 행동을 판단하고 평가하는 말로서의 '사랑의 잔소리'는 아무런 효과가 없다. 오히려 부모로부터 아이를 달아나게 만드는 역효과만 낳을 뿐이다.

05
치료실보다
같이 놀아주는
부모가 되길

화창한 봄날에 진행되던 부모교육 시간. 잠시 쉬는 시간이 되었을 때였다. 연우 어머니가 심장이 부들부들 떨린다며 나를 강의실 복도로 이끌었다.

"무슨 일이세요?"

"오늘 어느 교수님으로부터 우리 아이가 경계선도 못 미치는 지적 장애라는 판정을 받았어요. 그 교수님께서 두 번 세 번 검사해도 이렇게 나온다고 하는데……."

연우는 학교에서 담임 선생님이나 친구들이 다가오면 원숭이처럼 두 손으로 머리를 긁적거리는 아이였다. 그리고 이러한 행동은 초등학교 3학년 때 만난 담임 선생님에 의해 발달장애라는 통보를 받았다. 선생님의 말 한마디는 연우 어머니를 혼돈의 세계로 이끌었다. 연우 어머니는 소문난 치료실을 전전했지만 급기야 지능검사를 통해 지적장애판정을 받은 것이다.

연우는 태어나면서 심장판막증으로 인해 수술을 하였다. 그리고 문제가 발생했다. 다름 아닌 연우 엄마였다. 연우 어머니는 아이가 신체 이상을 가지고 태어난 것을 온전히 자신의 탓으로 여겼다. 죄책감으로 인해 연우 어머니는 연우의 동생은 눈에 들어오지도 않았다. 아픈 연우를 보살펴야 한다는 생각 때문에 온 신경을 연우에게만 집중했다. 그렇게 연우는 어머니의 극성스러운 보살핌에 따라 더더욱 엄마에게 의존하는 아이로 자라게 되었다.

연우 어머니가 연우를 위하는 정도는 매우 심각했다. 연우가 수업에 집중하지 못해 수업 분위기를 해치는 것조차 "연우가 아파서 그러니 학교생활이 많이 부족하더라도 눈감아주세요."라고 요청하곤 했다. 그리고 그런 요청이 받아들여짐으로써, 연우는 보호라는 이름의 '엄마의 잘못된 편견'으로 인해 퇴행하는 행보를 보이며 학교에 다녔다. 그러나 학년이 올라가면서 상황이 변했다. 새로운 담임 선생님은 연우의 이상행동을 단순히 아픈 것으로 생각하지 않았다. 결국 연우 어머니는 잘못된 사랑으로 아이를 보호한 것에 대한 결과를 직시해야 하는 상황을 맞게 되었다.

냉정한 현실을 마주하게 된 연우 어머니는 이제까지 '아이가 아파서'라는 핑계로 외면하고자 했던 마음이 들킨 것 같자 담임 선생님을 원망하며 IQ검사를 받기에 이르렀다. 아이가 비정상이 아닌 정상이라는 진단을 받고 싶었다. 그러나 앞서 이야기했다시피 그 결과는 더욱 비참할 뿐이었다.

연우는 학교생활에서 수업시간뿐만이 아니라 쉬는 시간에도 그림을 그렸는데, 그림 노트 속에는 늘 병원입원실에서 링거를 꽂고 있는 아이의 그림만이 가득했다. 담임 선생님들은 "연우가 그림을 그리느라 알림장을 제때 쓰지 못합니다."라고 이야기했지만, 연우 어머니는 "연우가 이런 그림을 그리는 이유는 간호사가 되는 것이 꿈이라서 그래요."라고 말하며 현실을 외면했다. 정말 연우는 간호사가 되고 싶어 그런 그림을 그린 것이었을까? 아니, 상담사인 내 눈에 보인 연우는 어린 시절 수술대에 올랐던 무서운 경험으로부터 빠져나오지 못한 것을 그림으로 표현한 것이었다. 즉, 트라우마가 연우의 무의식 속에 자리 잡고 있었다.

평화롭던 어느 날, 재욱이 어머니께서 부모교육을 하던 중에 갑자기 벌떡 일어나셨다. 그리곤 내게 다가와 조용히 말씀하셨다.

"수업 중이지만 급한 상황이 생길 것 같아서 이만 가봐야 할 것 같아요. 죄송합니다."

"무슨 일이세요?"

"아들이 학교에서 언제 쓰러질지 몰라 대기하는 중이라……. 전화
만 오면 달려가야 해요."

"그래요? 무슨 일로 아이가 쓰러지죠?"

"6살 때부터 그랬는데……. 사실은 제가 결혼 후 남편과 심하게 싸
웠어요. 그리고 어느 날 재욱이가 쓰러졌어요. 너무 놀란 우리 부
부는 그 이후로 더 이상 싸우지 못하게 됐어요."

"혹시 그날 이후로 아이가 불편한 상황이 되면 늘 쓰러지지 않던가
요?"

"예……! 맞아요!"

재욱이(중3, 남)는 병원에서 ADHD와 뇌전증(간질)을 진단받았
다. 하지만 태어날 때는 아무런 문제가 없었다. 재욱이 어머님은 아
이에게 내려진 이런 진단이 자신 때문이라는 죄책감을 벗고 싶어
그 원인을 찾고자 했다. 하지만 해결점을 찾지 못해 포기 아닌 포기
상태에 있었다. 재욱이 어머니는 "가장 힘든 건 제가 재욱이에게 어
떻게 해야 할지를 모르겠다는 거예요!"라며 내게 하소연했다. 그렇
게 나는 재욱이를 만나게 되었다. 재욱이는 잘생긴 외모에 키가 큰
학생이었다. 나는 아이와 같이 보드게임을 하였다. 게임을 하며 나
는 재욱이가 자신을 잘 표현하지 않으려는 것을 알 수 있었다.

"재욱아, 여기가 불편하니?"

"괜찮아요."

"보드게임 좋아하니?"

"아니요, 처음 해 봐요."

"집에서 부모님과 뭐하고 놀아?"

"그냥요, 핸드폰 보고……."

재욱이는 학교생활에서 불편한 감정이 들면 쓰러지고, 길을 가다 기분이 조금만 나빠도 쓰러지는 아이였다. 감정적으로 불편한 상황에 놓이게 되면 자신도 모르게 발작을 일으켜 쓰러졌다. 이런 재욱이의 행동은 엄마를 꼼짝달싹 못하게 하였고, 재욱이 어머니의 역할은 언제 아이가 쓰러질지 모르니 항시 대기하는 것이 되어버렸다. 하지만 내가 만난 재욱이는 재욱이 어머니의 말과 달랐다. 아이는 이미 의젓한 중학생이었다.

재욱이는 나와 게임을 하며 조금씩 자신을 드러내었고 시간이 조금 지나자 당당히 본연의 모습을 보여 주었다. ADHD의 산만함은 일절 나타나지 않았다. 상담자인 내 눈으로 보았을 때 재욱이는 지극히 정상이었다. 아이를 비정상으로 받아들인 채 긴 세월 동안 무진 애를 쓴 재욱이 부모님이 안타깝게 느껴지는 순간이었다. 다만 재욱이의 행동은 뭔가에 고착되어 있었다. 부모가 원하는 부정적인 태도로, 특히나 엄마와 밀착되어 있었다. 엄마에게 지나치게 의존하는 재욱이의 모습과 아이의 일거수일투족에 손과 발이 되어야 한다고 맹신하는 어머니의 모습을 보며 나는 무언가 잘못되어가고 있다는 것을 느꼈다.

일반적으로 정상과 비정상을 판단하는 기준은 모호하다. 정신건강의학과 전문의와 심리학전문가, 상담전문가 등 각계에서 주장하는 바가 서로 다르기 때문이다. 따라서 정상과 비정상을 명확히 구분한다는 것은 불가능한 일이다.

연우의 경우, 아이의 행동은 누가 보아도 이상했다. 정상 아동으로 보기 힘든 행동으로 학교에서 친구들과 전혀 소통하지 못했고, 혼자서 그림만 그리며 수업에도 집중하지 못하는 상태였다. 그러니 진단검사에서 지적장애라는 결과가 나온 것은 마땅한 일이었다. 하지만 아무도 모르던 사실이 있었으니, 사실 연우는 또래 아이들보다 지적능력이 훨씬 우수한 아이였다.

연우가 아파서 어머니 혼자 허우적거릴 때 아버지의 존재는 그림자와 같았다. 연우 아버지는 아빠로서의 역할을 어떻게 해야 할지 몰라 연우 어머니가 하는 행동을 그저 지켜만 보았다. 그 행동에서 답답함을 느꼈음에도 말이다.

재욱이도 마찬가지였다. 재욱이 아버지는 직장에서의 성공이 자신과 가정을 위한 일이라고 여겼다. 이것이 문제였다. 연우 어머니의 놀란 가슴과 재욱이 어머니의 죄책감은 아이를 건강하게 볼 수 있는 눈을 없애버렸다. 연우가 부족한 모습을 보이거나 재욱이가 쓰러지는 모습을 보이면 이들은 무조건 내 아이를 보살펴야 한다는 생각에 본인이 생각하는 최선을 다했다. 하지만 그들의 행동은 아이를 인정하지 않는 행동이었다. 마음속 깊은 곳에서 자신의 아이들을 "그래, 너는 이럴 수밖에 없어." 하는 시각으로 바라보고 있었다.

엄마의 마음이 담고 있는 것은 겉으로 내뱉지 않더라고 아이들에게 고스란히 전달된다. 연우의 부족한 행동은 '심장판막으로 태어난 아픈 아이니 이럴 수밖에 없어. 내가 보호해야 해.'라는 생각을 만들었고, 재욱이의 불안한 상황만 닥치면 쓰러지는 행동은 '엄마, 아빠의 싸움으로 네가 쓰러지기 시작했으니 이럴 수밖에 없어. 내가 늘 보호해야지.' 하는 생각을 만들었다. 그리고 이런 부정적인 생각과 메시지는 아이들을 제대로 자라지 못하게 만들었다. 연우와 재욱이는 부모에게 부정적인 인정을 받고자 의존하는 행위를 하게끔 퇴행한 셈이다.

연우 어머니와 재욱이 어머니의 공통된 문제점은 정상인 아이를 비정상으로 보았다는 사실이다. 두 사람은 아이의 발달단계나 기질, 그리고 현재 주어진 환경에 대한 이해가 전혀 없었다. 문제가 있는 것은 바로 그들이었다. 연우 어머니는 태어나면서부터 아팠던 아이를 보고 놀란 가슴을 치유하지 못했다. 재욱이 어머니는 부부싸움으로 아이가 쓰러졌다는 죄책감을 치유하지 못했다. 자신들의 마음에 생긴 상처들을 치유하지 못한 것이 아이들을 망친 것이다.

이런 경우, 아버지의 역할이 매우 중요하다. 엄마의 아픈 가슴과 죄책감을 대신해 아빠가 아이들과 함께 놀아주는 시간을 확보하는 것이 아이들에게는 엄마로부터 벗어나 새로운 세상을 만나는 시간이 되기 때문이다. 엄마가 먹이고 입히는 데 시간을 할애한다면 아빠는 놀이시간을 확보하고 놀이를 통해 아이들과 상호작용할 수 있어야 한다. 그 상호작용 속에서 세상에 대한 배움이 일어나기 때문이다.

연우 어머니는 연우가 이상행동을 보일 때면 아이를 보호하고자 하게 되는 스스로의 과장행동을 알아차리지 못하였다. 연우가 다른 아이들과 어울려야 한다는 생각에 아이를 학교로 밀어 넣었지만 돌아오는 것은 연우의 이상행동과 그런 행동을 본 이웃들과의 보이지 않는 미묘한 갈등뿐이었다. 무엇보다 연우 어머니는 아이가 왜 그런지를 제대로 알지 못했다.

재욱이 어머니 역시 남편이 자신과 재욱이를 돌보지 않는 것에 분노하여 싸웠던 행동 때문에 재욱이가 극도로 스트레스를 받았다는 것을 알지 못했다. 더 이상 자신의 감정을 조절하지 못하고 쓰러져버린 재욱이로 인해 부모의 싸움은 거짓말처럼 멈췄지만 재욱이의 이상행동은 지속됐다. 그리고 재욱이 어머니는 이 이상행동이 왜 지속되는지 알지 못했다.

재욱이는 부모의 전쟁 같은 싸움을 자신이 한 방에 해결한 것이었다. 즉, 마법을 경험한 것이다. 문제는 여기서 시작되었다. 재욱이는 언제 어디서든 조금만 불편한 감정을 느끼면 쓰러져버리게 되었다. 부모님의 싸움을 멈추게 해준 마법이, 무의식 속에서 재욱이가 스스로를 보호하고자 하는 무기가 되어버린 셈이다. 재욱이는 그렇게 자신의 불편한 감정을 쓰러짐으로 표현하게 되어버렸다. '내가 쓰러져야 해결되는구나.'라는 경험이 아이의 무의식 속에서 스스로를 지키는 방어 전략이 되어버린 것을 부모는 알지 못하고 있었다.

나는 수많은 아이들과 부모님들을 상담하며 아이들의 이상행동이 부모의 행동으로 인해 비롯되는 것을 보았다. 연우와 재욱이의 이상행동은 긴 세월 동안 발달단계에 따른 행동을 학습하지 못하고 퇴행 행동을 한 경우였다. 나는 연우가 '수술이 무서웠고 두려웠던 마음'을 표현할 수 있도록 도왔다. 그 이후 연우는 더 이상 링거를 꽂고 있는 자신을 그리지 않았다. 그리고 연우 부모에게는 아이의 마음을 알아주는 소통법을 교육하고 훈련하도록 하였다. 그렇게 현재 연우는 영어학원을 다니며 또래들과 소통하고, 누구보다 영어실력이 뛰어나 선생님으로부터 칭찬을 받는 아이가 되었다. 무엇보다 연우 어머니가 연우와 분리되어 자신의 건강한 삶을 되찾았다는 것이 가장 큰 변화였다.

재욱이에게는 감정을 알아주는 소통법을 교육하고 훈련시켰다. 그리고 부모의 싸움이 재욱이 때문이 아니라는 것을 아이에게 이해시켰다. 또한 재욱이가 부모의 다툼으로 견딜 수 없을 만큼 힘들었던 감정들을 표현하도록 도왔다. 재욱이는 감정을 받아주고 표현하도록 돕자 다행히도 쓰러지는 횟수가 점차 줄어들었고, 마침내 더 이상 쓰러지는 행동을 하지 않게 되었다.

많은 아이의 문제들이 부모로부터 비롯된다는 것을 나는 확신한다. 그러니 우리 아이를 비정상으로 만들고 싶지 않다면, 부모는 아이와 소통할 때 아이에 대해 긍정적인 말과 마음을 주고받아야 한다. 부모의 마음 밭이 편안하면 아이의 마음도 편안하지만 부모의 마음이 지옥이면 아이의 마음 밭도 지옥이 된다.

많은 부모들이 아이의 감정보다는 부모 자신의 감정으로 아이를 양육한다. 아이와의 놀이를 통해 아이를 인정해 주는 부모의 말 한마디 한마디는 치료실보다 더 효과적이라는 것을 알아야 한다. 물론 경우에 따라서는 전문가의 도움이 필요할 때도 있다. 하지만 내 아이의 몸과 마음을 건강하게 성장시키는 최고 비결은 부모가 놀아주는 재밌는 놀이라는 사실을 잊지 않길 바란다.

06

아이의 신호(기질)에 민감한 부모가 되어라

유치원을 다니는 성준이는 집에서나 유치원에서나 말과 행동을 자제하지 못하고 거칠게 행동했다. 그러다 보니 학습이나 놀이에서 규칙을 지키지 않아 친구들로부터 항의를 받기도 하고, 때로는 선생님으로부터 활동을 제지당하기도 했다. 하지만 그럴수록 성준이는 억울하다며 만만한 동생이나 친구를 약 올리고 때려댔다. 그리고 시간이 흐르고, 성준이는 초등학교에 입학을 하게 되었다. 반복되는 상황을 고치지 못한 성준이의 반항적인 태도는 담임 선생님을 힘들게 하였고, 결국 이를 감당할 수 없던 담임 선생님은 부모에게 아이의 행동을 문제화하였다. 부모는 성준이가 왜 그런 행동을 하는지 이해할 수 없었다. 원인을 모르니 이해할 수도 없고, 이해를 못 하니 문제를 바로잡을 수도 없었다. 성준이의 부모님은 아이의 막무가내인 언행 때문에 다른 학부모들과 선생님들께 그저 죄인으로 낙인찍혀 힘겨운 날을 보내야만 했다.

사람은 상호작용의 긍정적 정서와 부정적 정서에 따라 감정조절력이 달라진다. 열 손가락 깨물어 안 아픈 손가락이 없다고는 하지만, 부모의 입장에서 깨물어도 아프지 않은 아이와 아픈 아이가 있다는 얘기다. 긍정적 정서를 나누는 아이는 미운 짓이나 실수를 하더라도 아프지 않다. 하지만 부정적 정서를 나누는 아이는 깨물면 아프다. 그리고 이때 부모의 감정조절력이 곧 아이의 타고난 기질을 민감하게 받아들이는 척도가 되기도 한다.

기질(temperament)이란, 아이들이 태어나면서 가지는 특질로 사람이나 어떠한 일에 대한 상호작용으로 나타낼 수 있는 반응 스타일을 뜻한다. 유치원이나 학교에서 상황에 따라 어떻게 활동하고 얼마나 많이 움직이는지, 자신의 욕구가 충족되지 않았을 때 얼마나 잘 참는지 아니면 큰소리로 자신의 욕구를 강하게 나타내는지 등에 대한 태도를 뜻한다. 또 적절한 감정을 표현하는지 아니면 강한 감정을 드러내는지, 그리고 감정을 표현하는 행동 방식은 어떠한지를 나타내기도 한다. 즉, 아이가 감정조절 능력으로 의사소통을 어떻게 하는지의 여부를 말해주는 것이 바로 기질이다.

기질은 타고나지만 안정적인 속성을 가진다. 성준이가 유치원

때 표출하던 부정적인 정서표현 행동들이 초등학생이 되어서도 변화되지 않은 이유다. 이는 곧 아이의 타고난 기질을 무시하면 부정적 결과가 예측된다는 점이다. 따라서 어렸을 때 부정적 정서표현을 많이 하는 아이라면, 그 아이가 의도적으로 하는 것이 아니라 기질적인 것으로 보고 이해를 해야 한다.

많은 부모들은 아이의 기질은 알지 못하고 자신의 성격대로 아이를 대한다. 하지만 이러한 부모의 양육 태도는 자녀가 다른 아이들보다 학교생활에 적응하지 못해 어려움을 호소하게 되거나, 친구들과의 상호작용에서 공격성을 드러내게 되는 등 학습에 있어 불리한 요인을 만드는 원인이 된다.

'미운 자식 떡 하나 더 준다.'는 속담이 있다. 여기서 자식 중 누구 하나를 '미운 자식'으로 여기는 것은 부모의 마음에서 비롯된다. 어떤 부모가 금쪽같은 자식을 일부러 미워하겠는가? 하지만 자녀의 기질을 이해하지 못하는 부모의 입장에서는 까칠한 기질을 가진 아이들의 경우 감당하기 힘겨운 것이 사실이다. 세상 모든 아이가 말 잘 듣고 시키는 대로만 잘하면 얼마나 좋을까? 그러나 맘대로 되지 않는 것이 자식 일이다. 다른 일은 열심히 하면 되지만 자식 농사만큼은 뜻대로 할 수도 없고 되지도 않는다지 않던가.

성준이 역시 그랬다. 태어나서는 잘 먹지도 않아 엄마의 애를 태웠고, 낮에만 자고 밤에는 깨어 엄마하고 눈 맞추고 놀자고 하였다.

뿐만 아니라 잠시라도 떼어놓으려고 하면 울면서 엄마를 꼼짝 못하게 만들었다. 성준이 어머니는 '자라면 좀 낫겠지…….' 하고 생각했지만 성준이는 갈수록 태산이었다. 그리고 그런 아이를 보는 주위 사람들의 눈총 역시 따가웠다. 엄마마저 외면할 수 없는 수준이었다. 성준이의 부모는 아이의 태도가 기질로 인해 나타난다는 것을 알지 못했다. 때문에 "그저 엄마인 나 자신이 잘못해서 애가 그렇게 된 것 같아 더 힘들다."라고 하였다.

토마스와 체스(Thomas & Chess, 1977)는 미국 아이들을 대상으로 아이를 세 가지 유형으로 구분했다. 첫 번째는 쉬운 아이(40%)이고, 두 번째는 어려운 아이(10%)이며, 마지막 세 번째는 더딘 아이(15%)이다. 그리고 나머지 35%의 아이는 어느 유형에도 포함되지 않는다고 하였다.

쉬운 아이(easy baby)는 어렸을 때부터 '순둥이'로 불리며, 자라면서 '엄친아'라고 불린다. 엄친아는 자라면서 공부도 잘하고 부모가 시키는 대로 아주 잘 따른다. 그래서 좋은 대학에 진학하기도 한다. 하지만 이러한 아이들의 경우, 다른 사람이 시키는 것은 잘하지만 정작 본인이 원하는 것은 무엇인지 잘 모른다.

좋은 대학을 졸업해 좋은 직장에 취직하지만 성인이 된 이후 자신의 길을 찾겠다고 그때까지 이루어놓은 자신의 모든 것을 던져버리기도 한다. 그래서 쉬운 아이의 기질을 가진 아이들을 양육할 때는 부모가 자녀에게 요구하고 시키는 수동적인 태도보다 자녀가 원하는 것이 무엇인지 먼저 묻고 아이가 선택하도록 하는, 능동적인 태도를 길러주어야 한다.

어려운 아이(difficult baby)는 일명 '까칠한 아이', '까다로운 아이'를 말한다. 한마디로 부모가 키우기 힘든 아이다. 성준이도 이 기질에 속한다. 소위 말하는 청개구리 기질을 가진 아이인 셈이다. 산으로 가라고 하면 바다로 가고 바다로 가라고 하면 산으로 가는 아이들이 바로 어려운 아이들이다. 하지만 이 기질을 가진 아이들은 미래를 이끌어갈 인재, 즉 스티브 잡스 같은 재능을 가진 아이들이다.

이런 아이들은 아무도 생각하지 못한 창의력을 가지고 있다. 하지만 기질적으로 부정적인 정서표현을 하기 때문에 부모의 입장에서는 매우 힘들다. 그래서 자꾸만 아이를 야단치고 제지하려고 하게 된다. 그러나 부모의 그런 양육 태도는 되려 아이를 더 공격적으로 만든다. 때문에 어려운 아이들은 학교생활에서 가해자가 되기도 한다. 그러므로 어려운 아이들의 경우에는 부모가 아이의 기질을 이해하고, 긍정적 의사소통으로 하고자 하는 바를 할 수 있도록 도와야 하며, 아이가 정해진 틀 안에서 자신의 생각을 마음껏 도전할 수 있도록 기회를 부여해 주어야 한다.

더딘 아이(slow-to-warm-up baby)는 '한 박자 늦는 아이', '대기만성형'으로 부모가 아이의 행동이 느리다며 답답한 마음에 속 터진다고 말하는 아이다. 하지만 이런 기질을 가진 아이에게는 부정적인 말을 하면 할수록 더 느려진다. 여러모로 행동이 느리다 보니 학교생활에서도 친구들에게 무시를 받거나 외톨이가 되기도 한다. 그래서 기다려주어야 한다. 기다려주면 더딘 아이들은 자신의 능력을 맘껏 발휘하는 아이가 된다. 이 아이들의 경우 부모의 성급함은 아이에게 독만 되므로 답답한 마음을 잘 풀고 지켜봐주는 것이 매우 중요하다.

이렇듯 아이들의 기질은 다양한 모습으로 나타난다. 따라서 부모는 아이의 기질을 먼저 이해하는 양육 태도를 가져야 한다. 결코 좌시해서는 안 되는 무척 중요한 부분이다. 아이의 기질을 고려하지 않고 행해지는 부모의 부정적인 말과 행동, 아이의 신호에 무감각한 부모가 던지게 되는 부정적 말과 행동은 펄펄 끓는 가마솥에 기름을 붓는 격이 될 뿐이다.

부모의 역할은
안전기지 secure base 다

현아(초등, 여)는 친구들에게 "우리는 필리핀에 수영장 딸린 집이 있어. 그래서 친구들 불러서 한 달 내내 파티했어."라는 등 자신의 이야기를 과장해서 말하는 아이였다. 친구들은 처음에는 현아의 말을 믿어주고 들어주는 듯했다. 하지만 아이들은 자란다. 1학년 시기에는 상대방을 판단할 수 있는 능력이 부족하지만 2학년 말쯤만 되어도 아이들은 서로를 분간하기 시작한다. 누가 공부를 잘하는지, 누가 착한지, 또 누가 나쁜지 등 옳고 그름이나 정체를 아는 것이다. 그렇게 3학년이 되기도 전에 현아는 터무니없는 말로 거짓말을 하는 아이로 낙인찍히게 되었다. 현아는 자신의 말을 부정하는 아이와 다투는 일을 겪으면서도 허풍쟁이 같은 말을 버리지 못했고, 결국 또래들로부터 밀려나 외톨이가 되었다. 현아는 왜 이렇게 되었을까? 현아의 부모님이 아이에게 안전한 기지가 되어주지 못했기 때문이다.

아이에게 있어서 안전기지란 초기 애착을 말한다. 존 볼비(John Bowlby, 1969)는 애착이론을 통해 애착을 '주 양육자에 대해 아동이 가지는 지속적인 유대'라고 말한다. 특히 생후 36개월 동안 주 양육자(어머니, 아버지, 할머니 등으로 아이를 주로 보살피는 한 사람)가 아이를 일관성 있게 돌봐주고 아이의 말과 행동에 세심하게 반응하는 모성적 태도가 중요하다고 한다. 만약 36개월 사이에 주 양육자가 바뀌게 되면 애착은 이후 아동의 전반적인 발달, 학습, 사회성에 부정적인 영향력을 미친다. 그리고 결과적으로 성인이 되어서 인간관계를 내다보는 척도가 된다.

현아는 문장완성검사에서 내가 좀 더 나이가 많다면 "혼자 맛있는 것 먹고 놀이동산에 가고 싶다." 내가 꾼 꿈 중에서 제일 좋은 꿈은 "놀이동산에서 혼자 노는 것."이라고 하였다. 이는 현아가 초기의 애착경험으로 자신의 감정, 행동, 기대, 생각 등의 체계를 형성하지 못한 것을 보여 준다. 그래서 자신과 타인에 대한 개념이 형성되지 않고, 어떻게 말을 하며 행동해야 하는지를 몰라 벌어지는 일이었던 셈이다. 하지만 현아의 엄마는 아이가 학습을 빨리했으면 하는데 현아가 하지 않는 것이 힘들다고 말했다. 현아의 아빠 역시 현아가 스스로 할 수 있는 작은 일을 하지 않는 것이 속상하다고 말했다.

아이들은 부모의 바람과 달리 학습보다는 친구 사이에서 함께 놀고 싶어 한다. 그래서 자신이 가지지 못한 것에 대해 하얀 거짓말을 하기도 한다. 아이들은 종종 친구들에게 "나 돈 많아. 떡볶이 사 줄게."라고 말하고는 사주지 않는다. 심지어 "나는 이거 해 봤다."라고 하면서 SNS나 유튜브에 자신의 신체를 촬영하고 올려 '좋아요'라는 팔로워를 얻으려고 애를 쓰기도 한다. 이는 현실 세계에서 관심받고 싶지만 뜻대로 되지 않는 것을 사이버 세상에서 다른 사람이 되어 충족시키려고 하는 행동이다.

아이들의 이러한 부정적인 행동들은 사람과의 관계를 어떻게 맺어야 하는지를 몰라 발생하게 된다. 애착 손상은 이렇듯 친구들 사이에 끼고 싶은 마음에 뻔히 들통 날 거짓말을 하고, 스스로를 해치는 행동인 줄도 모르고 자랑이라 착각하며 SNS에 자신의 소중한 신체 사진을 올리는 등 일어나선 안 될 결과들을 일으키고는 한다.

애착 손상이란 양육자와의 심각한 헤어짐이나 양육자의 잦은 바뀜 등을 이유로 일어난다. 주 양육자는 아이를 먹여주고 입혀주며 따뜻한 말로 정서적 유대감을 나눈다. 하지만 주 양육자가 바뀌는 상황을 맞게 되면 아이는 반복되는 생활의 틀에서 안전감을 가질 수 없게 되고, 결과적으로 애착이 손상되게 된다.

사랑에 대한 연구로 유명한 해리 할로우(Harry Harlow) 박사는 위스콘신대학교 교수로 재임하던 시절(1958년)에 인간의 유전자와 거의 비슷하다는 붉은털 원숭이를 대상으로 한 가지 실험을 하였다.

박사는 먼저 갓 태어난 새끼원숭이를 어미로부터 격리시켰다. 그리고 철사로만 되어 있지만 우유가 나오는 어미와 헝겊으로 덮여 있지만 우유가 없는 어미를 격리된 원숭이가 있는 우리 속에 놓아두었다. 이후 새끼원숭이들의 행동을 관찰한 결과는 놀라웠다. 새끼원숭이는 배가 고프면 몸은 따뜻한 헝겊어미에게 악착같이 달라붙어서 떨어지지 않으려는 몸짓으로 고개만 돌려 차가운 철사어미가 가진 우유만 먹는 모습을 보였다. 마치 철사어미의 몸에 닿기라도 하면 몹쓸 병에 걸리는 듯 접촉하지 않았다. 또한 무서운 맹수소리를 들려주자 공포를 느낀 새끼원숭이는 헝겊어미 쪽으로 달려가 자신을 위로하였다. 헝겊어미가 없다면 어떨까 하는 생각에 헝겊어미를 없애 버리고 다시 맹수의 소리를 들려주자 새끼원숭이는 두려움에 떨면서도 철사어미 쪽으로는 가지 않았다. 따뜻함을 느끼지 못하는 어미에게서는 위로받으려고 하지 않았던 것이다. 그리고 시간이 조금 더 지나자 헝겊어미를 잃어버린 새끼원숭이는 구석에서 몸을 웅크리고 있거나 손을 빠는 등 이상 반응을 나타내었다.

이후로도 실험은 계속되었고, 해리 할로우 박사는 철사어미에게서 자란 새끼원숭이는 잦은 설사로 우유를 소화시키는 데 어려움을 겪지만 헝겊어미에게서 자란 새끼원숭이는 우유를 소화하는데 어려움을 겪지 않고 훨씬 건강하게 자란다는 것을 알게 되었다. 또한 철사어미에게서 자란 새끼원숭이는 장난감을 주어도 아무런 관심을 가지지 않았으나 헝겊어미 쪽에서 자란 새끼원숭이는 장난감에 관심을 가지고 적극적으로 접근하였다. 따뜻한 어미와의 접촉이 세상을 받아들이는, 즉 새로운 것을 탐색하고 도전하기 위한 격려를 해줄 수 있다는 것이 증명된 셈이다. 해리 할로우 박사가 이 실험을 했던 당시의 시대는 부모들이 따뜻한 부모보다 엄격한 부모가 되는 것을 이상적인 부모라 여기고 있던 시대였다. 그 시대의 부모들은 아이의 독립성을 키워주기 위해 매우 어린 나이임에도 아이를 다른 방에서 혼자 재우는가 하면 아이가 배고파할 때에 우유를 주지 않고 정해진 시간에만 우유를 주었고, 심지어 아이가 울어도 안아주면 안 된다고 생각할 정도로 따뜻한 부모와는 거리가 멀었다. 하지만 해리 할로우 박사는 실험을 통해 새끼원숭이조차 따뜻한 부모의 돌봄을 원한다는 것과 그런 따뜻함이 얼마나 긍정적인 영향을 미치는지를 증명해내었다. 즉 당시의 부모들에게 사랑의 본질이란 무엇인가를 깨닫게 해주었다.

현아 역시 부모가 있기는 했지만 부모라는 존재로부터 제대로 된 보살핌은 받지 못하는 상황이었다. 현아의 엄마는 집에서 스마트폰으로 유튜브 보는 걸 아이 돌보기보다 더 집중하는 사람이었고, 현아의 아빠는 바쁜 직장생활로 인해 집에 오면 곧장 거실 소파에 앉아 좋아하는 TV로 스포츠 프로그램만 보는 사람이었다. 즉, 현아를 봐주는 사람은 아무도 없었다. 부모가 딸을 제대로 살피지 않자 심지어 집에서 키우는 강아지까지도 현아의 존재를 무시할 만큼 아이는 심각한 상황에 처해 있었다.

　부모로부터 무시당하고 따뜻한 양육을 받지 못한 아이들은 버려진 느낌과 함께 자기 자신을 무가치한 존재라고 느끼게 된다. 그래서 자신의 존재감을 과시하기 위해 거짓말을 하게 되는 셈이다. 현아도 마찬가지였다. 아이는 부모와의 따뜻한 접촉을 통해 세상에 대한 신뢰를 얻는다. 그리고 이 신뢰는 세상을 안전기지로 여기는 원동력이 된다. 부모가 아이의 안전기지가 되어주지 못하면 아이는 세상을 신뢰하지 못한다. 내적 작동모델이 제대로 가동하지 못하는 것이다. 내적 작동모델이란 심적인 표상으로, 아이가 놀라거나 슬플 때마다 부모가 안아주고 지켜주면 아이는 돌봄을 받는다는 것을 느끼는 걸 의미한다. 이것은 곧 아이에게 있어서 세상에 대한 신뢰이다. 하지만 아이가 놀라고 슬플 때 돌봄을 제대로 받지 못하면 그런 아이들은 자신과 타인을 신뢰하지 못한다.

　아이가 가지는 심적인 표상은 주 양육자의 돌봄을 통해 세상을 받아들인다. 부모의 따뜻한 보살핌이 있어야만 아이들은 세상이 안전하고, 용기를 내어 도전할 가치가 있다는 것을 배울 수 있다. 애착이 잘 형성되기를 바란다면 주 양육자와 아이의 관계의 질에 신경을 써야 한다. 관계의 질은 곧 부모의 따뜻한 말이 좌우한다. 부모의 따뜻한 말을 먹고 자란 아이들만이 건강한 아이로 자랄 수 있다는 사실을 잊지 말자.

감정을 알아주는 부모에게서
자란 아이는 학습능력이
뛰어난 아이로 자란다

01

변호사 부모
검사 부모

어느 날 아이가 학교에서 집으로 돌아오자마자 휙! 가방을 현관에 내던지며 씩씩거린다. 코끼리처럼 발을 쿵쿵거리며 짜증을 내는 아이를 본 부모는 "너, 어디서 배워먹은 못된 버릇이야! 가방 똑바로 갖다 놓지 못해!"라며 화부터 낸다. 아이의 행동이 못마땅하기 때문이다.

"학교 갔다 왔으면 인사하고 손부터 씻어야지!"

아직 화가 가시지 않은 아이에게 연이은 불호령이 떨어진다. 부모의 호통에 아이는 풀이 죽는다. 그제야 아이는 마지못해 떨떠름

한 얼굴로 "학교에서 나만 선생님께 야단맞았단 말이에요!"라고 말해보지만, 부모의 응대는 또다시 아이의 마음에 비수를 꽂는다.

"네가 뭘 잘못했겠지!"

모든 부모는 내 아이가 학교에 가 선생님께 사랑받고 친구들과 잘 지내기를 바란다. 그러니 아이가 학교에서 선생님으로부터 야단을 맞았다는 소리를 들으면 아이의 마음을 헤아리기보다 부모가 잘못 가르쳤다는 소리를 들을까 봐 아이를 더 혼낸다.

지금의 초등학생을 둔 부모들은 일반적으로, Z세대(1990년대 중반에서 2000년대 초반에 태어난 부모)와 Y세대(1980년대 초반 이후 태어난 부모)이다. Z세대는 어릴 때부터 사람보다 디지털환경에서 자란 디지털 네이티브 세대이다. 그리고 Y세대 또한 마찬가지로 컴퓨터를 활용하여 정보를 교환하며 오락을 즐긴다. 이들의 특징은 사람과의 소통보다 테크놀로지(협소한 의미로 기계)에 대한 소통이 수월한 세대이다. 그러다 보니 가정이나 사회생활에서 공동의 목표보다 자아실현에 가치를 더 두곤 한다. 하지만 여기서 생기는 문제가 있으니, 그건 바로 아이의 행동에 대한 부모의 반응이 곧 아이의 소통법이 된다는 사실이다. 가정에서 형성되는 부모와 아이의 소통법이 중요한 이유는 명확하다. 이렇게 형성되는 소통법이 곧 아이의 어릴 적 친구 관계에서 뿐만이 아니라 성장하면서 맺게 되는 모든 인간관계에 큰 영향을 끼치기 때문이다.

얼마 전 찬원(초등 3년, 남자)이가 엄마의 손을 이끌고 왔다. 찬원이 왈, 엄마는 자신에게 "숙제해라", "학습지 해라", "내일 학교 갈 준비해라"라고 하면서 정작 엄마는 스마트폰만 보고 있다는 것이다. 찬원이의 고자질은 아이들이 엄마와 함께 놀고 싶다는 마음의 표현이다. 그러나 정작 찬원이의 엄마를 비롯해 비슷한 세대의 부모들은 막상 아이와 어떻게 놀아야 할지를 모르겠다며 오히려 하소연을 하곤 한다. 아이와 부모의 소통이 원활하지 못함을 잘 보여 주는 사례다.

아이들은 부모와의 대화를 통해 세상을 살아가는 법을 배운다. 자신의 감정과 생각을 부모와의 관계속에서 놀이를 할 때 배운다. 어릴 때부터 사람과의 상호작용이 부족한 부모세대들은 자녀와 대화를 어떻게 해야 할지 모른다. 많은 Z, Y세대들이 이러하다. 때문에 Z, Y세대의 자녀들은 마음을 어디에 둬야 할지 몰라 자신의 감정을 조절하는 것에 어려움을 느낀다. 그러나 Z, Y세대 부모들은 정작 자녀들에 대한 기대치는 과거의 부모들보다 높다. 그러다 보니 자녀의 정서적인 능력은 고려하지 않고 IQ능력에만 치중하는 것이 대부분이다. 이를 잘 아는 나로서는 Z, Y세대 부모들을 보면 안타까운 마음이 많이 든다.

가끔 부모교육에서 "우리 아이는 머리는 영리한데 노력을 안 해요."라면서 아이의 성적부진에 대한 안타까움을 토로하는 부모를 만난다. 그러면 나는 "그 노력을 하고 안 하고는 정서 능력에 달려 있고 그 정서 능력은 부모와의 상호작용, 즉 대화로 길러집니다."라고 말해주고는 한다.

아이의 높은 학습능력과 사회성 향상은 정서적 능력이 토대가 되어야만 나타날 수 있는 결과물이다. 예를 들어 부모님이 두 분 모두 교사인 영웅이는 초등학교를 다닐 때부터 상담실을 찾아오는 단골이었다. 영웅이는 초등학교 때부터 친구들과 잘 섞이지 못했고, 중학교 때까지도 외톨이로 지내다가 고등학생이 되어서야 친구들과 좋은 관계를 맺고 싶어 노력했지만 노력할수록 더 힘들어지기만 하여 학교를 포기하려는 상황에 처해 있었다. 영웅이는 초등학교 때 혼자 책을 읽거나 그림을 그리며 교실 생활을 했다. 즉 혼자 잘 노는 아이로 보였다. 그러나 이는 영웅이가 친구 관계에서 어떻게 소통해야 할지를 몰라 책 속에 숨어버리게 되는 현상이었다. 학교에서 아이들과 놀이를 하기보다 책이나 그림에 몰두하는 아이들은 소통에 어려움을 겪는다. 하지만 영웅이의 부모님은 그저 '우리 아이는 책을 많이 읽는 아이'라고만 생각하여 아이를 자랑스러워했다. 아이의 내면과 문제를 제대로 살피지 못한 결과가 아이의 학업포기 고민이라는 결과로 돌아오게 된 셈이다.

영웅이는 부모님이 선생님이기 때문에 다른 사람보다 더 모범적으로 행동해야 한다는 부모의 가르침을 들으며 자랐다. 그러다 보니 영웅이의 모든 행동에는 부모님이 학교에서 학생들을 지도하며

"이래야 해. 저래야 해." 했던 말이 집에서 고스란히 담겨 있었다. 늘 듣던 말이 교사로서의 말투이다 보니 영웅이는 자신도 모르게 친구들에게 부모님이 하는 말투를 그대로 사용할 수밖에 없었다. 그러나 영웅이의 말투는 또래와의 소통에 문제가 되었다. 영웅이와 대화를 나눈 친구들은 "재수 없어!" "말투가 왜 그 모양이야!" 하며 영웅이를 밀어냈다. 영웅이로부터 마치 지적을 당하는 것처럼 느꼈을 테니 어쩌면 이는 당연한 일이었다. 영웅이는 나름대로 친구들과 잘 지내고 싶어 부단히 노력했지만 그런 영웅이의 마음과 달리 친구들은 점점 더 멀어져만 갔고, 결국 해결방법을 찾지 못하게 된 영웅이는 학교와 모든 관계를 포기하는 상황에서 마지막으로 부모님의 동의를 얻고자 찾아왔다.

영웅이가 홀로 친구들과의 관계에서 고군분투하는 동안 그 부모님들은 아이의 정서 능력은 무시한 채 학습에만 초점을 둔 자세로 아이에게 교사 같은 언행을 계속했다. '공부만 잘하면 학교생활에 무슨 문제가 있냐'라는 시각으로 영웅이의 고민을 못마땅해하고 무시했다. 영웅이가 혼자 밥 먹는 것을 힘들어하자 "네 나이가 몇인데 혼자서 밥도 못 먹냐? 매점에 가서 빵이라도 사 먹으면 되지!"와 같은 식의 말투로 아이의 내면이 아니라 겉으로만 보이는 행동에 초점을 두고 이야기했다. 평생을 교사로 살아오다 보니 자연스럽게 평가하는 일에 익숙했던 부모님은 영웅이의 성적이 상위권이었기에 당연히 학교생활을 잘할 것이고 또 잘하고 있을 것이라고 여겼다. 그리고 결국 아이가 학교를 그만두겠다는 말을 하고 난 뒤에야 지푸라기라도 잡고 싶은 마음으로 해결방법을 찾아 나서기 시작했다.

부모의 역할에는 '검사 역할'과 '변호사 역할'이 있다. 검사의 역할은 사실이나 일의 상태에 따른 옳고 그름을 따져서 판단하는 일로 사건의 재판을 청구한다. 영웅이의 부모님처럼 마음은 보지 않고 행동만을 보고 부모의 편견과 관점으로 '네가 뭘 잘못했겠지!' 하고 말하는 경우가 바로 이렇다. 아이의 입장은 고려하지 않고 옳고 그른 부모의 가치관을 적용해 잘못을 가려내는 말을 한다. 그러나 변호사의 역할은 이와 다르다. 변호사는 법원의 명령에 따라 피고(소송을 당한 측의 당사자)나 원고(법원에 민사소송을 제기한 사람)를 변론하는 역할로 고객이 어떤 용서받지 못할 중범죄를 저질렀다 하더라도 우선 그의 편이 되어준다. '네가 뭘 잘못했겠지!'라고 말하기보다는 '오늘 힘든 일이 있었구나!'하고 말한다. 그리고 어떤 속사정이 있는지, 어떤 부분 때문에 일이 잘못되었는지 등을 충분히 듣고 도움을 주고자 노력한다. 아이가 부모에게 바라는 바는 이러한 변호사 같은 역할이다. 영웅이는 검사 같은 두 부모님으로 인해 혼자서 자신의 문제를 해결하기 위해 노력해야 했다. 하지만 하면 할수록 어려움에 부딪혔고, 마침내 더 이상 할 수 없다는 생각이 들자 어두운 긴 터널에서 빠져나오기를 포기하고 자퇴를 선언하게 되었다.

아이에게 변호사 역할을 해준다는 것, 즉 아이의 편이 되어준다는 것은 아이의 말을 충분히 들어주는 데서 출발한다. 들어주면 한 편이 된다. 부모님을 내 편으로 느낀 아이는 언제나 자신에게 일어난 일과 자신의 감정을 숨김없이 말한다. 그러나 검사 역할을 하는 부모에게서 자란 아이들은 자기중심적인 방식으로 자신의 입장을 합리화하고 잘못을 감추는 데 급급해한다. 소통이 불통으로 변하는 이유다. 마음을 헤아리기보다 행동을 보고 "야, 너 어디서 배워먹은 버릇이야! 가방 똑바로 안 갖다 놔!" 하는 것은 위압감을 드러내는 검사의 말이다. 이 역할이 지속되면 아이는 '부모가 내 편이 아니구나.' 하는 알 수 없는 감정을 서서히 느끼면서 자신은 혼자라는 생각으로 부모의 영향력을 받아들이기보다 경계를 만든다.

안타깝게도 많은 가정에서 검사 역할을 하는 부모를 둔 아이들은 소통에 어려움을 겪는다. 아이는 자라면서 자신의 말을 들어주지 않는 부모를 믿지 못하게 되고, 그러다 보니 또래들을 더 신뢰하며 밖으로 나돌게 된다. 영웅이는 오랜 시간을 외톨이로 지내다 보니 은둔형의 삶을 살았다. 게다가 다른 아이들보다 더 위압감을 주는 부모님으로 인해 인터넷 세상으로 도피하는 것조차 쉽지 않자 그림에 몰입하였고 덕분에 그림으로 상도 여러 번 받았다. 그러나 과연 이게 좋은 현상이었을까? 사춘기 이후 부모와 자녀의 소통단절이 극심해지는 것은 부모의 말 때문이다. 그러나 부모들은 자신의 태도로 인해 소통이 단절된다는 사실을 전혀 모른다. 이런 과정을 무시한 채 "사춘기가 되니 소통이 아예 안 된다!"며 그저 불만을 호소한다. 많은 부모들은 "도대체 뭐가 문제인지 모르겠어요!" 하며 하소연을 한다. 왜 그런 걸까? 부모들 또한 그들 부모의 세대로부터 "선생님은 그림자도 밟으면 안 된다."는 가치관의 영향을 받았기 때문이다.

선생님은 옳기에 아이가 혼난 것은 아이의 잘못이 당연하다고 여긴다. 지금의 Z, Y세대 또한 자신의 억울함에 대해 그들 부모가 단 한 번도 속 시원히 이야기를 들어주기보다 도리어 부모님의 도덕적 판단에 의해 훈계를 받으며 자랐다. 그러다 보니 고스란히 자신의 자녀들에게 이러한 교육방식이 대물림되고 있는 것이다. 무서운 것은 이러한 환경에서 자란 아이는 다른 인간관계에서도 부모가 물려준, 옳고 그름이라는 도덕적 잣대만을 적용하며 거기에 부응하는 삶을 사느라 힘든 시간들을 보내게 된다. 결국 모든 관계는 말에서 시작된다. 말 때문에 가까워지기도 하고 말 때문에 멀어지기도 한다. 아이는 부모의 말을 가장 많이 들으며 자란다. 그리고 그 말을 닮아간다.

02
—
경청의
의미

"저희 아이는 집에 오면 학교 얘기를 전혀 안 해서 너무 답답해요.
무슨 일이 있었는지 옆집 사는 같은 반 친구한테나 듣는다니까
요."

몇 년 전 학교에서 진행했던 부모교육의 첫 시간에 민호(초1) 어
머니가 고민을 털어놓았다. 고민을 들은 나는 그저 빙그레 웃으며
총 8회 차로 마련된 부모교육 시간에 빠지지 말고 꼭 참석하시라고
만 말씀을 드렸다. 이후 민호 어머니는 교육시간에 빠지지 않고 참
여하셨지만 무슨 일이 있는지 매번 숨을 헐떡이며 교육시간 직전에
야 도착하곤 하셨다. 그렇게 3회 차로 접어들던 어느 날, 조금 일찍
교육실에 도착한 민호 어머니는 분주하게 교육 준비 중이던 나를

보자 밝게 웃으셨다.

"선생님, 저희 아이가 요즘엔 학교에서 있었던 일을 모두 얘기해요. 친구 얘기도, 선생님 얘기도요!"

마치 골치 아픈 숙제를 해결한 듯한 민호 어머니의 흡족한 표정에 내 마음이 다 환해지는 것 같았다. 집에만 오면 입을 꾹 다물고 있던 민호는 어떻게 자기 얘기를 술술 풀어놓게 된 걸까?

민호의 동생은 장애를 가지고 있었다. 민호 어머니는 동생을 돌봐야 했기에 형인 민호가 모든 일을 스스로 알아서 하기를 기대했다고 한다. 그런 당위적인 사고로 인해 어머니는 민호가 조금만 서툴러도 "빨리 해.", 작은 실수를 해도 "똑바로 해.", 학교에 갔다 오면 "이거 하라고 그랬지!" 하며 동생을 대할 때와는 다른 말투를 사용하고 소홀히 대했다. 그런 서운함 때문에 민호가 집에서 입을 다물게 된 것이다.

나는 "이렇게 저렇게 해"라는 당위적인 말투가 어떻게 느껴지는지 알아보기 위해 민호 어머니에게 역할극을 제안했다. 그리고 내가 민호 어머니가 되어, 민호가 된 어머니에게 큰 목소리로 다그치듯 말했다. "빨리 밥 먹어." "밥 먹었으면 그릇은 설거지통에 갖다 놔." "학습지하라고 그랬지!" 그런 다음, 감정이 어떤지 느껴보게 하였다. 평소에 민호에게 주로 했던 말투를 그대로 돌려받은 민호 어머니는 더 이상 말을 잇지 못하고 민호가 받았을 상처를 떠올리며 차오르는 눈물을 애써 감추셨다. 나는 민호 어머니에게 "지금 그 마음을 충분히 느끼고 눈물을 흘려도 됩니다."라고 말해드렸다. 그리고 장애가 있는 동생을 돌보느라 힘든 것은 알지만 민호도 보살핌을 받아야 할 1학년 어린아이라는 것을 상기시켜드렸다. 마지막으로 민호가 학교에서 돌아왔을 때 어머니도 동생에게서 잠시 떨어져, 민호가 사랑받는다는 느낌이 충분히 들도록 반갑게 맞이하라고 당부했다. 아이들은 부모의 관심 정도에 따라 얼마든지 쉽게 달라질 수 있다는 걸 깨닫도록 한 것이다.

부모가 행복해야 아이도 행복할 수 있듯이 부모의 말에서 편안함을 느낄 수 있어야 아이도 스스럼없이 자기 얘기를 할 수 있다. 부모 말의 중요성에 대해서는 몇 번을 말해도 부족함이 없을 정도인데, 좀 더 경각심을 불러일으키는 예를 들어보겠다. 한 연구에 따르면 길을 가다 무기를 든 괴한에게 폭행당한 피해자의 경우 무기의 형태는 또렷이 기억하는 반면에 가해자의 얼굴은 잘 기억하지 못한다고 한다. 사람의 뇌는 생명에 위협을 느낄 때 생존을 최우선으로 여기기 때문에 가해자의 얼굴보다 무기에 집중해 그것을 더 잘 기억하게 된다. 이를 '무기 집중 효과'라고 한다. 극단적인 비유이기는 하지만 부모가 아이를 대할 때도 마찬가지이다. 평소에 부모의 당위적인 말에서 불편함이나 두려움을 느끼는 아이들은 자신을 지키려는 생존 본능으로 부모의 말보다는 부모가 말할 때의 부정적인 눈길, 표정, 몸짓 등 강압적인 태도에 더 집중하게 된다. 부모의 압력으로 아이의 몸과 마음을 짓누르는 태도는 아이와 소통하는데 전혀 도움이 되지 않을 뿐만 아니라 아이의 마음에 상처를 입혀 입을 꾹 다물어버리게 만든다. 그러므로 아이가 부모에게 스스로 말을 건네게 하려면 부모가 먼저 편안한 태도와 안전한 말로 아이를 대하는 것이 중요하다.

경청(傾聽)이란 말 그대로 '귀 기울여 듣는 것'을 의미한다. 또한 멍하니 듣기만 하는 것이 아니라 상대방의 말에 적절히 반응하면서 끼어들지 않고 끝까지 들어주는 태도를 뜻한다. 즉, 말하는 이에게 온 신경을 집중해서 듣는 것이 바로 경청이다. 그렇다면 부모들은 아이의 말을 얼마나 경청할까?

많은 부모가 아이의 말을 들으면서 동시에 다른 일을 한다. 아이의 말을 경청하려면 먼저 하던 일을 멈추고 집중하는 것이 중요하다. 어떤 부모의 경우, 아이가 학교에 갔다 오면 곧장 학원에 보내야 한다는 생각에 급급해 학교생활에 온 에너지를 쏟고 온 아이의 상태를 살피지 못한다. 그러나 부모는 항상 아이의 몸과 마음이 어떤지 잘 관찰하고 아이의 힘든 점을 헤아리고 보살펴야 한다.

예를 들어 아이가 학교에서 돌아와 "친구와 다퉈서 속상했는데 선생님이 나만 야단쳤어요. 거기다 오늘따라 급식도 맛이 없어서 거의 다 남겼어요."라고 말한다면 우선 아이의 말을 다 들은 후에 말과 말 속에 숨어 있는 감정들을 잘 파악해야 한다. 그런 다음 "친구와 다퉈서 속상하고 그 일로 선생님이 화를 내셨는데 너만 야단을 맞아서 억울했구나. 그리고 기분도 안 좋은데 하필이면 오늘따라 급식에도 네가 좋아하는 반찬이 안 나왔나 보네." 하고 아이가 한 말을 요약해서 다시 들려주는 것이 경청의 핵심이다. 그러면 아이는 '아, 부모님이 내 마음을 잘 알아주시는구나!'라고 느낀다. 이렇게 부모로부터 경청을 받아본 경험이 있는 아이들은 자연스럽게 그 습관이 몸에 배어 학교에서도 그 영향력을 발휘하게 되는 것이다.

수업시간에 정말 차분하게 집중하고 친구들 사이에서 인기를 한 몸에 받는 아이들을 보면 기특한 마음이 드는 한편 그런 아이의 부모님이 어떤 분들일지 궁금해질 때가 있다. 한번은 상담실에서 방학 때마다 실시하는 부모와 아이들이 함께하는 자리인 '아이들과 함께하는 보드게임' 시간에 아이들의 인기를 한 몸에 받는 예원이와 엄마가 참석하였다. 놀이시간에도 다른 부모들보다 과하지 않은 예원이 어머니의 태도가 유독 눈에 띄었다. 게임을 하다 보면 아이들이건 어른들이건 감출 수 없는 태도가 드러나기 마련이다. 예원이와 어머니는 마치 친구 사이처럼 편안하게 게임을 즐기며 대화를 하는 모습을 보였다. 나는 그 모습을 통해 예원이가 학교에서 목청을 높이지 않는데도 항상 친구들에 둘러싸여 있고 수업에도 아주 편안한 태도로 집중할 수 있는 것이 어머니의 태도를 자연스럽게 보고 익힌 것이라는 사실을 알 수 있었다.

아이가 부모의 말에 잘 따르기를 원한다면 부모가 먼저 아이의 말을 경청해야 한다. 아이의 말을 주의 깊게 듣지 않는 부모의 행동은 아이로 하여금 부적응 행동을 일으키게 한다. 또 이러한 부적응 행동으로 인해 교실 안에서는 많은 일들이 일어나는 것을 볼 수 있다. 툭하면 큰소리로 외치는 아이, 교사가 수업을 하든 말든 돌아다니는 아이, 심지어 자신의 큰소리가 오히려 수업에 방해가 되는지도 모르고 딴짓하는 친구에게 "야! 하지 마!" 하고 소리치는 아이도 있다.

어느 날, 아이들의 행복한 학교생활을 돕기 위한 '감정 조절 & 관계 코칭'이란 프로그램을 진행하러 OO초등학교 교실수업을 들어갔다. 그런데 앞자리에 앉은 한 아이가 수업에 집중하지 못하는 다른 친구들의 행동을 보며 반 전체를 향해 "야, 조용히 해!" 하고 끊임없이 소리를 치고 있었다. 그리고 몇몇이 소곤거리며 떠들 때마다 "야, 그러면 안 돼. 하지 마!" 하고 친구들의 행동을 저지하느라 정작 자신도 수업 내용에 집중하지 못했다. 나는 조심스럽게 그 아이에게 다가가 "ㅇㅇ야, 네가 그렇게 소리치면 듣는 저 친구의 기분은 어떨까?"라고 말해주었다. 그러자 아이는 마법에 홀린 아이처럼 다음 시간에는 그런 행동을 보이지 않았다. 이처럼 부모의 지나친 간섭은 아이들이 부적응 행동을 일으키게 만드는 또 다른 원인이 된다. 뭔가에 집중하려 할 때 한시도 마음 편하게 온전한 자신의 시간을 가질 수 없다는 것이 요즘 아이들이 말하는 현실이다. 또한 아이들은 항상 부모로부터 학습에 대한 감시를 받으며 산다고 선생님인 내게 하소연을 한다. 예를 들어 밥을 먹고 조금 쉬려고 하면 곧바로 "숙제는 했니?", "밥 먹었으면 치워야지." 등의 말이 쏟아지고 잠시 놀이라도 하려고 하면 "방 치워!" 하면서 통제하려고 한다는 점이다.

많은 부모들이 아이가 노는 것을 불안해하고 오로지 공부에만 집중하기를 바란다. 아이의 마음을 헤아리는 것은 뒷전이고 아이가 듣거나 말거나 일방적으로 부모로서의 마음만을 표출한다. 아이는 점점 자라면서 부모가 내 편이 아니라는 생각으로 마음의 벽을 치게 되고, 부모는 "저희 아이는 엄마 말을 잘 안 들어요. 몇 번을 말해도 귓등으로만 듣는다니까요. 그래서 결국 큰소리가 나게 만들어요."하고 하소연한다. 그러면 나는 이렇게 되묻는다.

"그렇게 큰소리를 내서서 원하는 것을 얻으셨나요?"

내 말을 들은 부모들은 대부분 아무런 대꾸도 하지 못한다. 부모들은 말한다. 아이가 자신의 말에 응하지 않으니 목소리 볼륨을 높일 수밖에 없다고. 그래도 안 되면 버릇을 단단히 고쳐줘야겠다는 생각에 매를 들기도 한다고. 그리고 심한 경우 엄마의 꾸중으로도 안 되면 아빠가 나선다. 그렇게 되면 결국 아이는 무엇 때문에 혼나는지도 모르는 억울함과 부모를 슬프게 했다는 죄책감을 가지고 살아가게 되는 셈이다. 그러나 잊지 말자. 아이가 부모의 말에 귀 기울이지 않게 된 이유는 부모가 아이의 말을 경청하지 못한 데서부터 시작되었다는 사실을. 그래서 아이의 말에 경청하는 모습을 보이고, 또 아이에게 경청하는 태도를 길러주는 것은 매우 중요하다. 경청은 바람직한 인간관계를 만드는 필수조건인 동시에 학습의 기본자세이기 때문이다.

부모가 먼저 아이의 말을 경청할 줄 알아야 한다. 나아가 단순히 듣는 데만 그치지 않고 적절히 반응하면서 아이 말의 핵심을 잘 파악한 다음 요약해서 들려줘야 한다. 부모가 먼저 아이의 말에 경청하는 태도를 보여 주면 아이도 자연스럽게 다른 사람의 말을 경청할 수 있게 된다. 더 나아가 학습뿐만 아니라 학교생활에도 긍정적인 영향을 미치게 된다. 또한 부모의 말을 경청할 때 아이는 지금 자신이 해야 할 일이 숙제인지 방 청소인지를 명확히 알 수 있다.

자녀의 말에 경청하는 부모의 태도는 아이를 현재에 집중하도록 이끌어 자기 삶에 대한 확신을 갖게 해준다. 스스로 삶에 대한 확신을 가질 때 아이는 자신의 말과 행동에 책임지는 자율적인 어른으로 성장하게 된다.

03
말 속에 감정이 숨어 있다

　초등학교 2학년생인 수진이는 담임 선생님이 자신을 반겨주지 않는다는 이유로 등교를 거부했다. 그러자 딸의 말을 그대로 받아들인 수진이의 부모님은 교사를 찾아가 서운함을 토로했고, 그렇게 교사와 학부모 사이에서 갈등이 일어나게 되었다. 그러나 나중에 알고 보니 수진이가 등교를 거부했던 이유는 다른 데 있었다. 부모의 잦은 다툼과 오빠의 폭력에 불안함을 느낀 수진이가 부모에게서 관심과 사랑을 받고자 벌인 일이었다. 하지만 수진이의 부모는 아이의 말 속에 숨은 감정을 발견하지 못한 채 그저 담임 선생님이 자기 아이를 미워한다고 생각하여 엉뚱한 곳에 화풀이를 한 셈이 되었다.

사람의 감정은 말과 행동에 적지 않은 영향을 끼친다. 우리는 때때로 다른 사람의 말을 내가 듣고 싶은 대로 듣기도 하고, 같은 말이라도 상대에 따라 칭찬 또는 비난으로 받아들이기도 한다. 이처럼 인간관계에서 발생하는 수많은 오해들은 모두 감정에서 시작된다 해도 과언이 아니다.

아이들은 논리적으로 말하는 데에 서툴다. 좋아하는 놀이를 하다가도 금방 싫증을 내고 자기 뜻대로 되지 않아 답답해하다가도 조금만 즐거우면 깔깔거리고 좋아한다. 그러다 갑자기 동생을 보고 "미워!"라고 말하기도 한다. 이처럼 "싫어!", "힘들어요!", "답답해요!", "사랑해요!", "미워요!"와 같은 아이의 말 속에는 내면의 감정이 담겨 있다. 이러한 감정을 표출하는 것이 아이의 소통 방식이다. 그런데 부모들은 동생을 보고 미워하는 아이를 버릇없다고 혼내고, 네가 형인데 그러면 못쓴다고 꾸짖는다. 이러한 부모의 태도를 보게 된 아이들은 자신의 감정을 있는 그대로 표현해서는 안 되며 감정을 억눌러야 한다고 생각하고 그렇게 행동하게 된다. 그리고 결국 시간이 흐르면 부모와의 소통단절로 이어지게 되는 경우가 대부분이다.

학교에서 아이들 사이에 일어나는 문제들도 숨어있던 감정으로부터 비롯되는 경우가 많다. 예를 들어 친구가 별 뜻 없이 한 말에 갑자기 주먹을 날려놓고 도리어 억울함을 호소하는 아이가 있다.

이런 경우 아이의 부모가 폭력적이고 가부장적일 때가 많다. 아이가 부모에게 이유 없이 당했던 행동들을 학교에 와서 똑같이 행하는 것이다. 이런 아이는 자기보다 강한 존재인 부모 앞에서는 아무 말도 못하지만 약해 보이는 또래 친구에게는 작은 일에도 뜬금없이 화를 내고 주먹질을 한다. 가정에서 느꼈던 불안한 감정으로 인해 이성을 잃고 행동을 벌이게 되는 셈이다. 더 큰 문제는 자신이 벌인 행동에 혼날까 봐 두려워하면서도 행동 자체에 대해서는 당당해한다는 점이다. 이는 부모가 아이에게 폭력을 행사하고도 죄책감을 느끼지 않는 무책임한 행동들을 보여 주기 때문이다.

폭력을 행사하는 것은 말로 잘 표현하지 못하고 상대의 감정을 느끼지 못하는 사람들이 행하는 행동이다. 수진이의 부모님도 마찬가지다. 수진이가 선생님이 반겨주지 않아 학교에 가기 싫다고 한 말을 그대로 이해했다. 폭력적인 모습을 보이는 부모님께 수진이가 있는 그대로 자기 속마음을 표현할 수 있었을까? 아니, 그럴 수 없었을 것이다. 그래서 평소 아이의 학교 일에 관심도 갖지 않는 부모님께 수진이는 '담임 선생님이 나를 반겨주지 않는다'라고 말을 한 것 같다. 이처럼 아이들은 종종 집에서의 불만을 학교 일로 돌리기도 한다.

말로 표현하는 안정적인 부모를 둔 아이들은 항상 밝고 긍정적인 마음으로 다른 사람들을 이해하고 배려한다. 반면에 말보다는 폭력이나 욕설이 먼저인 불안정한 부모를 둔 아이들의 경우, 살얼음판을 걷는 마음으로 하루하루를 힘겹게 살아간다. 따라서 자신의 감정을 조절하지 못하고 부모들이 행하는 폭력성과 비슷한 감정이 떠오르면 친구가 건넨 별 뜻 없는 말에도 공격성을 드러내게 된다. 자신을 보호하고자 하는 본능으로부터 이러한 일이 일어나는 것이다.

마음이 꽃밭이면 향기롭고 부드러운 말이 나오지만 마음이 가시밭이면 거친 말이 튀어나와 누군가를 찌르고 공격하게 된다. 아이에게 다른 사람을 배려하는 올바른 가치관을 심어주기 위해서는 부모가 먼저 자신의 감정 상태를 편안하게 느낄 수 있어야 한다. 그리고 자녀의 감정을 알 수 있어야 한다. 아무리 부모라 해도 아이에게 자신의 생각을 강요하는 것은 옳지 않다. 부모의 생각과 신념을 자유롭게 표현하는 것도 중요하지만 아이와 원활히 소통하기 위해서는 먼저 아이의 말 속에 숨어있는 감정을 살피고 보살펴야 하기 때문이다.

말은 대부분 입 밖으로 나오자마자 사라져버리지만 때로는 듣는 이의 가슴 깊은 곳에 자국을 남기기도 한다. 감정 때문이다. 기억하자. 아이의 가슴 속에서 그 자국은 시도 때도 없이 되살아나기도 하고 깊숙이 박힌 채 끄집어낼 수 없는 돌덩이가 되어 아이를 망가뜨리기도 한다는 것을.

04

감정은
내 안에서 살아
꿈틀거린다

　아이의 말을 제대로 알아듣지 못하는, '듣기 장애'를 가진 부모들
이 있다. 이는 아이를 소유물로 생각해서 아이를 제대로 존중하지
않기 때문이다. 아이가 화를 내는 것은 곧 아이가 화나는 감정을 느
낀다는 의미이다. 즉 할 말이 있으니 내 마음을 좀 알아달라는 사인
인 셈이다. 하지만 듣기 장애를 가진 부모들은 아이의 말 속에 숨어
있는 감정을 찾아내지 못하고, 해결할 수 없다는 생각을 한다. 때문
에 이런 부모의 경우 아이가 화내는 것을 단순히 버릇없거나 못난
행동으로 받아들인다. 그리고 이런 일들이 쌓이면 덩달아 부글부글
끓어오르다가 결국 아이의 가슴에 대못을 박는 말을 하고 나서야
가슴 아픈 후회를 하게 될 때가 자주 있다. 감정이란 내 안에서 사

라지지 않는다. 그렇기에 부모는 아이에게 말을 할 때 부모로서의 감정을 먼저 한 차례 정화시킨 후 편안해진 감정으로 말을 전달해야 한다.

오래전, 학교로 찾아가는 상담사를 하던 때의 이야기다. 상남(초4, 남)이는 초등학교에 입학하면서부터 4학년 여름방학이 되기까지 학교에서 외톨이로 지냈다. 상남이와 유치원에서 가장 친한 친구였던 진호가 초등학교에 입학하자 의도적으로 상남이를 놀이와 축구에 참여하지 못하도록 막았기 때문이다. 상남이는 부모님께 도움을 청했지만 오히려 못났다고 야단을 맞았다. 물론 이런 상황에 부모가 나선다고 해서 쉽게 문제를 해결할 수 없다는 것을 안다. 상남이의 부모님 역시 이를 알기에 답답한 마음으로 상남이만 혼을 냈다. 그러나 나는 어떻게든 상남이를 도와주고 싶었다.

나는 상남이에게 '감정실험'을 하자고 제안했다. 실험은 상남이가 자신을 괴롭히는 진호에게서 감정적으로 벗어나게 하는 게임이었다. 우선 인형에 '진호'라는 이름을 붙여 진호에게 당했던 상황을 말하며 그때 느꼈던 감정을 충분히 말하도록(단, 혼자서 아무도 모르게 방에서만 말하기, 비밀약속) 했다. 그리고 결과는 놀라웠다. 여름방학이 지나고 다시 개학을 한 뒤 어느 날, 상남이의 담임 선생님이 "상남이가 진호랑 축구를 같이 해요!"라고 감격스럽게 말하며 버선발로 나를 반겨주었다.

상남이는 진호에게 직접 표현하지 못했던 자신의 감정들을 인형에게 표현함으로써 자신의 부정적 감정을 해소해 내어 부정적인 상황으로부터 빠져나올 수 있었다. 이처럼 다른 사람으로부터 들은 말이나 태도에서 느꼈던 부정적인 감정들(억울함, 화, 슬픔 등)은 내 안에서 고스란히 저장되고 자란다. 때문에 부정적인 감정을 털어내는 과정을 거침으로써 새로운 감정으로 상황을 반전시킬 수 있게 된다.

나는 가끔 부부들에게도 이 감정실험을 권하곤 한다. 사람은 부정적인 감정을 해소하지 못하면 그 감정으로부터 오는 불안한 감정들이 가슴 깊숙한 곳으로부터 자라나 꿈틀거린다. 우리나라 사람들은 부정적인 감정을 표현하는 것에 익숙하지가 않다. 한국인에게만 있다는 화병(억울한 마음을 삭이지 못하여 간의 생리 기능에 장애가 있는 병) 역시 여기에서 기인하는 것이다. 그리고 이런 일을 겪는 건 어른들만이 아니다. 때문에 부모는 아이들에게 말을 할 때 부모로서 자신의 감정이 편안한지를 먼저 체크해 보아야 한다. 만약 전날 밤에 부부싸움을 했다고 가정한다면 1차적으로 내 감정을 걸러낼 대체물을 이용해 부정적인 감정을 쏟아 낸 후에 아이에게 말을 해야 한다. 그렇지 않고 아이를 대한다면, 자칫 남편 혹은 아내에게서 받은 부정적인 감정의 찌꺼기들을 아이에게 쏟아부을 수도 있기 때문이다. 이는 부모로서 아이에게 가장 주지 말아야 하는, 그야말로 최악의 대화법이자 소통법이다.

부모가 건네는 부드러운 말은 아이의 마음을 편안하게 만들어주는 묘약이 된다. 하지만 당연하게도 말하는 습관을 부드럽게 변화시키기란 쉽지 않다. 살아오는 동안 몸에 배어 버린 것을 무시할 수 없기 때문이다. 그렇기에 더더욱 습관은 다른 사람이 변화시킬 수 없다. 오로지 나 자신의 몫이다. 그러므로 이를 개선하기 위해서는 먼저 부모가 '나와 부모님과의 관계'에서 느꼈던 감정들이 무엇인지, 내가 어떻게 컸는지, 지금 어떤 감정으로 살아가는지를 살펴보아야 한다.

부모와의 관계에서 해결하지 못한 부정적인 감정을 지니고 있다면 대체물을 만들어 아무도 모르게 쏟아 내는 것도 치유의 한 방법이 된다. 현재 부부갈등으로 자신의 감정을 돌보지 못하고 있다면 이 역시 마찬가지이다. 내 안에 부정적인 감정을 가두고 살아가는 부모는 위험하다. 부모가 자기감정을 살피지 못하고 섣불리 말하는 것은 불난 집에 기름을 붓는 격이나 마찬가지인 결과를 가져온다. 내 아이가 다른 사람과 조화롭게 살아가기를 원한다면 먼저 부모가 자신의 감정을 알아야 한다. 감정을 알고 표현하는 따뜻한 말 한마디는 부모가 아이에게 줄 수 있는 최고의 선물이니까.

05
두 마리
토끼 잡기

상담을 시작한 지 얼마 되지 않았을 때의 일이다. 젊은 부부가 생후 7개월 된 아이를 데리고 찾아왔다. 그들의 문제는 이랬다. 지능계발을 위해 백화점 문화센터에 다니는데 아이가 계속 운다는 것이었다. 아이가 우는 이유는 명백했다. 그 부부는 이제 막 세상에 태어나 따뜻한 엄마의 냄새를 맡으며 애착을 가지려는 아이를 억지로 떼어내고 있었기 때문이다. 아이의 입장에서는 당연히 불안하여 울 수밖에 없는 상황이었다.

많은 부모들이 내 아이의 행복한 미래를 위해 절대 포기할 수 없는 것으로 '학습'을 꼽는다. 그러나 아이러니한 것은 아이의 '행복한 현재'를 가장 저해하는 것 또한 학습이라는 사실이다. 실제로 부모들은 아이의 학습 능력을 향상시키기 위해서라면 고액의 학습컨설팅과 심리검사에도 기꺼이 금액을 지불하고, 집중력에 도움을 주는 음식을 공수해 먹이는 등 열성을 다한다. 어찌 보면 당연한 일이다. 그러나 그런 물리적인 지원보다 더 중요하고 우선시 되어야 하는 것이 있으니, 그건 바로 감정적 편안함이다.

어떤 부모들은 학교 수업보다 학원 수업에서 배우는 내용을 더 중요하게 생각하기도 한다. 학교 교육은 의무적으로 이뤄지지만 학원 교육은 따로 수강료를 지불하기에 더 가치 있다고 느낀다. 물론 두 가지 학습을 병행한다면 좋은 성적을 받는데 더 유리할 수도 있다. 하지만 한 교사에게서 똑같은 수업을 들음에도 아이마다 성적이 제각각인 이유는 무엇일까? 그 차이는 바로 학습에서 가장 기본이 되는 '듣기 능력'에 있다. 그리고 이런 듣기 능력은 비싼 수강료를 내는 학원 수업이 아닌 부모와의 소통을 통해 습득하게 된다.

하버드 의대 정신과의 조지 베일런트(George Vaillant) 교수는 '하버드대 졸업생은 다른 대학 졸업생보다 더 행복하게 살 것이다.'라는 가설을 세우고 행복의 조건에 대해 연구했다. 명문대를 졸업한 사람은 일에서도 성공을 거두고 더 만족스러운 결혼생활을 하리라 예측한 것이다. 하지만 결과는 놀라웠다. 하버드대 졸업생 중에도 집이 없는 부랑자나 알코올 중독자, 마약 중독자가 된 사람들이 있었기 때문이다. 그렇다면 조지 베일런트 교수가 이 연구를 통해 얻은 결론은 무엇일까? 인생의 행복을 좌우하는 가장 큰 가치는 바로 '인간관계', 즉 '소통'이라는 사실이었다.

아이는 부모가 서로 대화를 나누는 방식이나 자녀를 대하는 태도를 통해 자연스럽게 인간관계 맺는 법을 배워나간다. 부모로부터 아이의 인간관계가 시작되는 것이다. 그리고 인간관계를 맺는다는 건 다른 사람을 받아들인다는 것을 의미한다. 부모가 대화로써 아이를 하나의 인격체로 존중하며 받아들일 때 아이도 다른 사람을 받아들이게 된다. 그렇게 상대의 말에 귀 기울여 듣는 법을 터득해 나가는 것이다.

부모들은 등교하는 아이에게 "선생님 말씀 잘 듣고 친구하고 사이좋게 놀아라."라고 말한다. 이 말에는 관계 맺기도 잘하고 공부도 잘하라는 뜻이 담겨 있다. 그런데 어느 날 교사로부터 "어머님, ○○가 학교에서 친구와 자주 다투고 수업에도 집중을 못합니다." 라는 전화를 받는다면 어떤 일이 벌어질까? 이 말은 곧 불행의 씨앗이 되어 부모의 막연한 불안을 먹고서 쑥쑥 자라게 된다. 부모는 "당신이 그러니까 아이가 이 모양이지!" 하고 서로에게 비난의 화살을 돌린다.

앞 사례에서 7개월 된 아이를 둔 부모도 그랬다. 아이가 우는 것을 서로 탓하고 있었다. 이런 다툼은 어떤 해결책도 낳을 수 없기에 아이에 대한 부모의 불안은 사라지지 않는다. 그러다 보면 부모는 아이를 믿지 못하고 신경이 예민해져 사소한 일로도 짜증을 내게 된다. 그리고 이렇게 부모가 자기감정을 조절하지 못해 표출하는 짜증을 아이는 아무 대책 없이 온몸으로 받아야 한다. 결국 아이는 부모와의 관계에서 원활히 소통하는 법을 배우지 못해 앞으로 인간관계를 가꿔나가는 데도 어려움을 겪게 된다. 부부가 부모가 되는 것을 준비하지 않은 데에서부터 오게 된 안타까운 결과다.

　모든 인간관계가 그렇듯 부모와 아이의 관계도 한 번 어긋나기 시작하면 회복하는데 몇 배의 노력이 필요하다. 그러므로 부모는 평소에 아이의 말을 잘 들으면서 상호작용하는데 힘써야 한다. 부모로부터 잘 듣는 법을 보고 배운 아이는 교사와도 원활히 소통함으로써 학습에 긍정적인 효과를 불러일으킨다. 그러나 잘 듣는 법을 배우지 못한 아이는 대개 교사와의 관계뿐만 아니라 학습에도 어려움을 겪는다. 또한 이런 문제는 종종 아이가 등교를 거부하게 만드는 원인이 되기도 한다. 이럴 때 많은 부모가 자신과 아이와의 관계에서 문제가 발생한 것을 깨닫지 못하고 엉뚱한 데서 원인을 찾느라 애를 쓰기도 한다. 어떤 아이는 교사와 갈등이 생긴 것을 남의 탓으로 돌리며 다른 사람의 말에는 아예 귀를 닫아버리기도 한다. 가장 최악의 상황은 학교에 보내기 위한 임시방편으로 부모가 아이의 요구를 들어준다. 그렇게 원하는 것을 얻어낸 아이는 또다시 등교 거부를 반복하게 된다. 악순환의 고리가 생기게 되는 셈이다.

어느 날, 태호(고등학생)가 부모님과 함께 상담실을 찾아왔다. 중학교 때부터 또래 관계가 원만하지 못했던 태호는 1년을 유급하고 복학한 뒤에도 여전히 학교에서 외톨이로 지내다 결국 자퇴를 결심하게 되었다. 그때부터 태호의 부모는 '그래도 고등학교까지는 마쳐야 한다'는 생각에 아들이 원하는 것은 뭐든 들어주기 시작했다. 그러나 부모의 노력에도 불구하고 아들은 고등학교에 진학한 후에도 계속 등교를 거부했다. 지친 부모는 아들을 '학교 부적응 학생'을 위한 '기숙대안학교'로 보냈다. 처음에는 공부에 대한 부담감에서 벗어나서인지 재미를 붙이고 잘 버티는가 싶더니 태호는 결국 대안학교에 적응하는 것마저 실패하고 말았다.

태호의 문제는 다른 사람의 말을 듣지 않고 자기 말만 하는 습관에 있었다. 그리고 아니나 다를까 이러한 습관은 또래 관계가 아니라 아버지와 태호의 관계에서 비롯되었음을 알 수 있었다. 나는 조심스레 그 가족에게 그들의 부정적인 대화 모습을 시연으로 보여주었다. 아버지는 가족들이 듣든 말든 자기 할 말만 쏟아내는 본인의 모습을 보고 적잖이 충격을 받았다. 그리고 그제야 아들이 자신의 강압적인 태도로 인해 외롭고 힘든 학교생활을 거부하고 인터넷 세상 속으로 들어갔다는 사실을 깨닫게 되어 깊이 후회했다.

태호의 아버지는 어린 시절에 아버지의 두 집 살림으로 어머니와 함께 살았다. 성장환경이 이렇다 보니 가끔 집으로 돌아온 아버지가 어머니와 자신에게 일방적으로 큰소리를 치는 모습만 보고 자랄 수밖에 없었다. 아버지의 역할을 제대로 보고 배우지 못한 태호의 아버지는 아들의 행동에 어떻게 말해야 하는지를 모르고 답답한 마음에 과거 아버지에게 들었던 것처럼, 혼내는 행동으로 아들에게 큰소리로 말을 하고 있었다. 그리고 태호 또한 아버지의 이런 소통 방식이 싫었지만 '나는 저렇게 되지 말아야지!' 하면서도 은연중에 아버지와 똑같은 행동이 습관이 되어버린 상태였다.

이처럼 아이가 문제 행동을 보일 때는 그 가정의 역기능적인 관계를 먼저 살펴보는 것이 중요하다. 많은 부모가 아이의 문제 행동을 아이 문제로만 한정 지어 접근하려 한다. 자신의 부정적인 양육 태도가 문제를 발생시켰다는 사실을 인정하려 하지 않는다. 하지만 이 사실을 간과한 상태로 문제를 해결하려고 노력하더라도 문제가 해결되지 않는다는 것을 알게 된다. 그러므로 아이의 문제는 부모로부터 비롯된다는 것을 인정하는 것이 무엇보다 중요하다.

아이는 어른을 비추는 거울이라고 한다. 내 아이가 자라면서 친구 관계나 선생님과의 관계에서 뭔가 불편해하고 힘들어한다는 것을 보았다면 부모의 감정과 태도를 점검해야 한다. 태호의 부모도 태호가 문제라고 생각했다. 다행히 태호 어머니의 양육태도에서는 아버지의 일방적이고 억압적인 태도와 달리 부드러운 사랑으로 태호가 원하는 것을 들어주면서, 주변의 도움을 요청하며 무던히 애써왔다는 것을 느낄 수 있었다. 하지만 부드러운 말도 아이의 등 뒤에서 하는 말은 들리지 않는다. 나는 태호의 어머니에게 "아이와 대화를 시도할 때는 자리에 앉혀 눈으로 소통을 하여야 태호가 어머니 말을 들을 수 있습니다."라고 말씀드렸다. 그리고 태호에게도 나의 눈을 부드럽게 마주한 후 대화를 하도록 훈련시켰다. 상대의 눈을 바라보고 소통이 된다는 것을 느끼는 순간, 아이들은 나 혼자가 아닌 세상 사람들과의 소통에서 느끼는 기쁨을 알 수 있게 되는 것이다.

부모가 삶의 가치를 어디에 두느냐에 따라 아이도 자기 삶에서 우선순위를 정하게 된다. 그러므로 부모는 삶의 행복이 어디서 오는지를 깊이 있게 성찰해야 한다. 하버드대 연구 결과에서 알 수 있듯이 인생에서 인간관계는 무엇보다 중요한 요소다. 그리고 여기에 뛰어난 학업 능력까지 갖춘다면 금상첨화일 것이다. 인간관계와 학업이라는 두 마리 토끼를 잡고 싶다면 먼저 듣는 법을 배워야 한다. 시험에서는 정답을 맞히려면 문제를 잘 들어야 하고, 오프라인에서는 교사의 말을 잘 들어야 하며, 온라인에서는 강사의 말을 잘 들어야 한다.

다른 사람의 말을 잘 듣는 것은 관계의 기본이자 훌륭한 리더가 되기 위한 조건이 되기도 한다. 무엇보다 중요한 것은 부모가 먼저 자녀의 말을 잘 듣고 소통함으로써 아이에게 듣는 법을 가르쳐주어야 한다는 사실이다. 부모와의 관계는 아이의 모든 삶을 이루는 밑바탕이 된다. 아이가 건강한 마음 밭을 일구도록 말 한마디 한마디

에 정성을 다하는 것이야말로 아이가 진정으로 바라는 부모의 역할
이다.

06

해결할 수
없는 것을
해결하는 법

어느 날 작고 왜소한 몸집을 가진 민준(6학년 남자)이가 나를 찾아왔다. 민준이는 "부모님께 이해받고 싶어요."라며 고민을 털어놓았다. 이야기는 대강 이러했다. 학교와 학원을 바삐 오가는, 반복되는 일상 속에서 민준이에게는 부모님이 내주는 영어 숙제가 있었다. 그런데 이 영어 숙제의 양이 감당할 수 없을 만큼 많아 아무리 열심히 해도 절반 정도밖에 할 수 없더라는 것이다. 문제는 민준이의 부모님들이 자신들이 정해준 기준에 민준이가 도달하지 못하면 어머니는 폭언을, 아버지는 손바닥을 5대씩 때리는 체벌을 가한다는 사실이다. 민준이는 "학원에 다니느라 숙제할 시간이 없는데 엄마 아빠는 이해해 주지 않아요. 숙제가 너무 많아서 할 수 없다고 말씀드려도 제 말을 듣지 않아요. 너무 억울해요."라며 부당한 폭언과 체벌을 당하는 것이 너무 힘들다고 고백했다. 심지어 이렇게 일방적으로 당해온 체벌이 초등학교 입학 때부터 시작되어 지금까지 이어져 오고 있다고 했다.

　우리 사회에는 보이지 않는 집단무의식이 존재한다. '공부하지 않으면 성공하지 못한다'라는 사회적 통념이 바로 그것이다. 아이들을 만나 보면 알 수 있다. 아이들은 전부 마음속에 공부를 잘하고 싶다는 열망을 가지고 있다. 이는 전교 일등뿐만 아니라 꼴찌도 마찬가지다. 그만큼 우리나라 사람들은 누구나 공부에 대해 집착과 같은 수준의 열망을 가지고 있다. 그러나 나는 '감정조율 & 관계코칭' 수업을 하면서 아이들로부터 아이러니한 속마음을 들을 수 있었다. 아이들에게 "이 세상에서 가장 듣고 싶은 말이 무엇이니?" 하고 물었더니 "오늘은 학원 쉬어!"라는 말을 듣고 싶다는 것이 아닌가? 아이들은 단 하루만이라도 맘 편히 놀고 싶다고 외치고 있었다.

　부모님으로부터 자신의 능력을 수용, 이해받지 못하면 아이들은 정서적으로 곪아간다. 또한 아이에 대한 부모의 일방적인 기대는 아이들을 좌절시키는 원인이 되기도 한다. 부모가 시키는 대로 하는 아이들은 스스로 자신이 해결할 수 있는 힘을 키우지 못한다. 아이가 늦잠을 자다가 지각을 해도 "엄마가 선생님께 전화해줘!"라고 말하게 된다. 엄마 역시 아이가 야단맞을까 봐 걱정되는 마음에 불편함을 고수하고 아이 말을 들어준다. 하지만 이것은 부모의 잘못된 선택이다. 아이가 늦잠을 자서 지각을 할 것 같은 상황이라면 아이 스스로 전화할 수 있도록 지도하여야 한다. 이것이 스스로 문제를 해결하는 첫걸음이 되기 때문이다. 아이가 감기에 걸렸다면 "선생님 저 감기인가 봅니다. 병원 갔다가 학교에 조금 늦게 가겠습니다."라고 말할 수 있게끔, 가능한 한 아이가 직접 자신의 의사를 전달할 수 있도록 지도해 주어야 한다. 아이가 할 수 있는 일을 부모가 해주어서는 안 된다.

아이의 생활에서 일어나는 작은 문제들을 아이가 스스로 해결할 수 있도록 해주는 것이야말로 아이를 존중하는 마음에서 비롯되기 때문이다. 반대로 아이가 할 수 있는 일을 부모가 대신해 주는 행동은 아이를 소유물로 여기는 태도이다. 아이가 할 수 있도록 지도하는 것이 아이의 문제해결력을 길러주는, 부모가 아이를 대할 올바른 태도이다.

내 아이를 야단치는 것은 나만 할 수 있는 특권이라고 여기는 것은 부모의 잘못된 사고방식이다. 많은 부모들이 아이가 학교 선생님에게 야단맞는 것을 본인의 문제로 여긴다. 아이의 잘못된 행동에서 비롯된 것이라는 것을 인정하지 못한다. 선생님과 아이 사이에서 부모는 최대한 한발 물러서 있는 지원군으로 자리해야 한다. 하지만 아이의 자리에 부모가 침범하고 사소한 일도 부모가 나서서 해결해 주다 보니 아이들이 부모의 등 뒤에서 부모를 조종하는 꼴이 되는 셈이다. 이렇게 되면 선생님은 눈감아주는 것으로 일을 넘어갈 수밖에 없게 된다. 부모가 직접 전화까지 하였으니 크게 나무라지 않게 되는 것이다. 하지만 작은 일을 부모가 대신 해결해 주는 상황이 반복되면 이는 곧 하나의 버릇으로 자리매김된다. 따라서 부모가 정말 나서야 할 시점은 아이가 스스로의 힘으로 수차례 해 본 후에도 안 된다고 여겨질 때, 진심으로 부모에게 "도와주세요."라고 요청할 때이다. 부모는 아이가 먼저 스스로의 힘으로 문제 해결을 위해 노력하고, 정말 안 된다고 느꼈을 때 부모에게 직접 요청하도록 아이를 지도하여야 한다.

앞선 사례에서 민준이가 학습량이 많다고 부모에게 말을 하면 부모는 민준이가 할 수 있는 능력에 맞게 조율해 주어야 한다. 하지만 부모는 다른 집 아이들도 이 정도는 한다는 불안감에 민준이의 말을 거부했다. 결국 이런 부모의 태도는 민준이가 사춘기에 들어서자 부모에 대한 반항과 공부에 대한 거부반응으로 나타나게 되었다. 만약 민준이의 부모님이 민준이의 말을 들어주고 이해함으로써 민준이가 할 수 있는 학습량만큼의 숙제를 조율해 준다면 어떨까? 아마 민준이는 자신의 능력을 맘껏 발휘하며 부모가 원하는 기대치보다 더 큰 능력을 가진 아이로 자라날 것이다.

우리 주변에는 늘 해결해야 할 문제들 투성이이다. 중요한 것은 해결되지 않는 문제에 대해서는 서로 합의할 줄 알아야 한다는 사실이다. 아이가 스스로 문제해결력을 키우기 위해서는 부모의 배려가 필요하다. 아이가 한 실수에 부모가 버럭! 소리부터 지르거나 비난으로 아이를 탓한다면, 아이는 스스로 문제해결하기를 포기해 버린다. 그리고 결국 시간이 흐르면 부모가 아이의 문제로 낭패를 겪는 상황이 닥치게 된다.

중요한 것은 부모의 말이다. 아이가 어떠한 일이라도 할 수 있다는 마음을 뿌리내리기 위해 꼭 필요한 것은 부모가 아이에게 '세상은 안전하고 넌 뭐든 가능하다'라는 것을 느낄 수 있게 전달해 주는 것이기 때문이다.

민준이는 "공부해"라는 말보다 "우리 같이 놀자"라는 말을 엄마, 아빠로부터 듣고 싶다고 했다. "공부해."라는 말은 누구나 부담을 느낀다. 민준이 뿐만 아니라 어떤 아이도 '공부해'라는 말을 좋아하지는 않는다. 여기서 부모의 말이 중요하다. 아이에게 "하지만 어른이 되어 직업인으로 살기 위해서는 공부가 꼭 필요하다."라는 사실을 잘 설명해 주고, 놀이와 적절하게 균형을 맞추어 줌으로써 살아가는 법을 깨우치도록 지도해야 한다는 점이다.

잘 놀아야 잘산다는 말이 있다. 공부와 함께 놀자는 말을 들으며 자란 아이들은 스스로 자신의 문제를 해결할 수 있는 힘을 기른다. 또한 공부와 적절한 놀이의 균형은 아이가 이 세상을 탐색하는 즐거움을 가지며 살아볼 만한 가치를 느낄 수 있게 한다.

어느 부모나 우리 아이가 공부를 잘하며 학교생활에 충실하기를 바란다. 민준이 역시 공부가 부담스러워 "학교를 가야 하는 시간에 잠자리에서 잘 일어나지 않는다."라고 내게 고백했다. 또한 경험을 통해 '지각하면 엄마가 전화해 주겠지' 하는 기대를 하게 되었고, 그렇게 부모라는 방패막이가 존재한다는 것을 알게 되면서 은근슬쩍 공부를 제외한 일들에서 부모의 힘을 빌려 해결하려고 하였다는 점이다. 이러한 행동은 성장하면서 부모라는 단단한 방어막 속으로 숨어 사는 일명 '자라족'이 되거나 부모의 영향력이나 간섭은 받기 싫어하면서도 경제적으로는 의존하는 '캥거루족'이 되어 살아가려는 모습으로 나타나게 된다. 부모가 제대로 된 소통을 해주어야 하는 이유다. 어릴 적에 아이가 자신의 능력에 맞는 문제해결력을 키울 수 있도록 해주는 것과 해주지 못함이 아이의 미래를 결정할 만큼 큰 영향력을 행사하기 때문이다. 부모와의 잘못된 소통이 곧 앞으로 맞게 될 자녀의 긴 인생에서 얼마나 부정적으로 작용할 수 있는지를 미리 내다볼 수 있었으면 한다.

질문하는 부모에게서
자란 아이는
사회적 능력을 강화시킨다

01
___
자녀와
공평하게
싸우는 법

사랑이의 부모는 초등 5학년이 되기 전까지만 하더라도 평온하게 잘 지냈다. 그러다 어느 순간인가부터 밤마다 거친 말다툼이 일어나기 시작했고, 두 사람의 갈등은 사랑이가 중1이 되기까지 이어졌다. 사랑이는 나름대로 부모님의 싸움을 말리려 노력했지만 도저히 감당할 수 없다는 것을 깨닫게 되자 자퇴를 선언하였다. 사랑이의 부모는 아이의 자퇴 선언에 놀라 뒤늦게 싸움을 멈추고 자신들을 돌아보았지만 이미 사랑이의 감정은 차갑게 굳어버려 누구의 말도 들리지 않게 된 상태였다. 아이는 오직 자퇴만이 자신을 지킬 수 있다고 믿게 되어버렸다.

세상에는 수천수만 가지의 양육방식이 존재한다. 그리고 모든 부모가 자기만의 방식으로 자녀를 대한다. 하지만 반드시 기억해야 할 것은 어떤 양육방식을 택하든 부모와 자녀의 대화는 항상 공평해야 한다는 사실이다.

여기서 말하는 공평이란 한쪽으로 치우치지 않고 고른 것을 뜻한다. 어떤 가정에서는 부모의 말이 중심이 되기도 하고 또 어떤 가정에서는 자녀의 말이 중심이 되기도 한다. 또 어떤 가정에서는 부모가 자녀에게 무슨 말을 어떻게 해야 할지 몰라 어려움을 겪기도 한다.

부모에게 협박·훈육·억압·비난을 들으며 자란 아이는 겉으로는 순응하는 것처럼 보이지만 속으로는 활화산 같은 분노를 삼키며 살아간다. 이 활화산이 언제 폭발할지는 아이 자신도, 부모도 알지 못한다. 그러다 대부분은 아이가 자신의 정체성을 찾아가는 사춘기를 맞이할 때 즈음에 이 활화산이 꿈틀거리기 시작한다.

사랑이의 경우 자신의 감정이 활화산이 되어 더 이상 감당하기 힘들다고 여겨지자 자퇴 선언을 했다. 그리고 이는 의외로 효과가 있었다. 부모님이 싸움을 멈춘 것이다. 그렇다면 사랑이는 정말로 자퇴를 하고 싶었던 걸까? 아니다. 사랑이에게 실제로 자퇴하고픈 마음은 없었다. 사랑이는 학교에서 친구들에게 인기도 많고 좋은 관계를 유지하던 아이였기 때문이다.

아이는 자신이 세상에서 가장 믿을 수 있는 존재인 부모를 통해 말하는 방법을 배운다. 그렇기에 부모와의 갈등으로 소통을 무시당하게 되면 그 아이는 제대로 소통하는 법을 배우지 못한다. 그리고 이런 일이 반복될 경우 결국 아이가 품고 있던 활화산이 폭발하면서 부모와의 관계에 깊은 골이 생기고, 결과적으로는 아이가 자신의 삶을 포기하려고 하게 된다. 때문에 아이와 부모가 공존하기 위해서는 가족 모두가 하나의 주제를 두고 공평하게 대화를 나눌 수 있어야 한다. 부모에게 존중받으며 공평한 대화를 나누는 아이는 친구나 교사와도 편안하게 소통할 수 있고 학교생활도 안정적으로 해나간다.

교실 안에서 교사는 아이들이 저마다 뿜어내는 에너지를 부모보다 객관적인 시선으로 관찰할 수 있다. 수업시간임에도 불구하고 종이를 찢는 아이, 그림을 그리는 아이, 돌아다니는 아이, 친구에게 관심받기 위해 우스갯소리를 하는 아이에게서는 불안정한 에너지가 느껴진다. 이를 모르는 건 오직 그 아이의 부모들뿐이다. 반면에 아무리 주변에 불안정한 아이들이 있더라고 자신의 행동과 욕구를 조절하며 수업에 집중하는 아이가 있다. 이런 아이의 경우 매우 안정적이고 편안한 에너지를 느끼게 하는데, 이런 긍정적인 에너지 역시 부모와의 관계를 통해 형성된다.

사랑이의 경우, 학교에 오면 수업보다는 그림에 몰두하는 아이였다. 부모의 갈등으로 세상에 대한 원망을 그림으로 날려버리고 있었다. 그나마 다행이었던 것은 그림에 소질이 있던 사랑이의 만화 그림이 친구들에게 관심을 받았다는 사실이다. 덕분에 사랑이는 교우 관계에서 문제가 있지는 않았다. 하지만 집으로 돌아가면 자퇴에 대한 부모의 협박과 훈육, 억압, 그리고 비난이라는 일방적인 말들을 들어야 했다.

사랑이의 아버지는 "너는 아직 미성년자이니 학교를 다녀야만 한다."라고 훈육했고 엄마는 "학교 다니지 않으면 인터넷상에서 만나는 사람들을 만나지 못하게 스마트폰도 뺐을 것이고 좋아하는 치킨도 없다."라며 사랑이를 협박했다. 위압적인 부모의 언행을 받으면 받을수록 사랑이는 이러지도 저러지도 못한 채 학교에 가면 잠만 자는 아이가 되어갔고, 집에서는 방문을 잠그고 밤새 인터넷 세상 속에서 사는 아이가 되었다. 그리고 이러한 일상의 여파로 아침에 일어나지 못하면 학교를 결석해 버리는 등 매우 불규칙한 삶을 살게 되었다.

불안한 에너지를 가진 아이들은 자라면서 부모에게 받지 못한 사랑을 채우기 위해 또래 친구에게 의지하게 된다. 하지만 대부분의 경우 불행하게도 똑같이 불안한 에너지를 가진 친구를 만나게 되는 것이 현실이다. 이렇게 만난 아이들은 혼자서는 하지 못할 일탈 행동을 거침없이 하게 된다. 부모는 뒤늦게 아이를 바로잡으려고 애쓰면서 자기 아이의 일탈을 '친구를 잘못 사귄 탓'으로 합리화하게 된다. 그러나 이는 진실이 아니다. 단지 부모의 입장에서 그래야만 조금이라도 위로를 받을 수 있기 때문에 하게 되는 합리화이다.

이런 경우 대개는 부모 자녀 간에 소통이 거의 없기에 진정성 있는 사과도 주고받을 수 없는 상황이 되어버린다. 분명한 것은 자녀의 일탈에 아이의 행동을 탓하기 이전에 자신과 자녀의 관계를 돌아보고 아이의 마음을 살피는 이해가 필요하다는 점이다.

말은 주고받는 것이기에 서로 적절한 비율을 맞춰야 한다. 부모의 말이 공평하지 않고 일방적이면 아이는 귀와 입을 닫는다. 아무리 아이의 삶에 피가 되고 살이 되는 말이라도 일방적이면 아이는 방어에 돌입한다. 그리고 살아가면서 끊임없이 부모 탓을 하게 된다. 내용이 아무리 좋더라도 자유로운 의사소통이 되지 않으면 아무 소용이 없다는 명백한 증거다.

'부부싸움은 안 하는 것보다 잘하는 것이 낫다'는 말이 있다. 불만이 있는데도 꾹 참고 쌓아두면 언젠가는 촉발이 되어 끌 수 없는 화산이 된다. 사랑이 부모도 그랬다. 작은 일에 갖게 된 서로의 작은 불만들을 제대로 표현하지 못한 채 참고 살다가 어느 순간부터 터져버리기 시작한 것이다. 한번 마음속에 담았던 감정은 결코 사라지지 않는다. 그래서 서로 더 나은 방향으로 나아가기 위해 건강하게 다투는 편이 낫다는 뜻이다. 아이와의 관계도 마찬가지다. 아이가 자라면서 종종 부모와 다른 의견을 갖는 것은 너무나 자연스러운 일이다. 그러나 사랑이네 가족은 말이 없는 가족, 즉 표현이 없는 가족이었다. 그러다 아버지의 실수(아내 모르게 원가족에 돈을 준 것)를 알게 된 어머니의 감정이 폭발하게 되었고, 그 다툼에서 사랑이가 아프게 되었다.

어머니는 무슨 수를 써서라도 사랑이의 자퇴를 막고 싶어 했지만 그러면 그럴수록 사랑이에게는 자신의 자퇴 선언이 엄마, 아빠의 싸움을 멈추게 했다는 보상심리가 더욱 마음 깊숙이 자리하게 되었다. 내가 해야 할 일은 사랑이의 부모와 사랑이가 제대로 소통할 수 있도록 돕는 것이었다. 때문에 그들이 공평하게 싸울 수 있도록 돕고자 사랑이네 가족이 충고나 조언 없이 서로의 마음을 표현하도록 하는 방법을 선택했다.

〈충고 조언하기〉

사랑이의 주장 : 내 꿈을 위해 학교를 자퇴하겠어요.

엄마의 충고 : 자퇴는 안 돼. 고졸로 세상을 어떻게 살려고……. 무슨 일이 있어도 안 된다.

아버지의 충고 : 아직 미성년자이니 학교 다니면서 네가 하고 싶은 것을 병행해라.

〈소통하는 방법〉

사랑 : 내 꿈을 위해 학교를 자퇴하겠어요.

부모 : 자퇴하고 싶구나. (자퇴하고 싶은 마음을 알아준다.)

무슨 일 있었니? (아이 말을 들어보기 위한 질문)

사랑 : 지금 학교 다니는 것이 시간 낭비예요, 학교 가면 잠만 자는
데…….

부모 : 학교 가면 어떤 기분이 들어?
(학교에서 느끼는 아이의 감정 상태를 물어본다.)
집에 오면 어떤 기분이 들어?
(집에서 느끼는 아이의 감정 상태를 물어본다.)

사랑 : 그냥요…….
(대개는 부모와 소통이 안 되기 때문에 자신의 감정을 잘 알지 못하
고 표현하지 못한다.)

부 : 학교 가면 잠만 자니 시간 낭비라는 생각이 들고 그 감정
이 뭔지는 모르겠다는 거구나. 그럴 만하겠네. (사랑이가
한 말을 요약해 말한다.) 아빠도 요즘 그래, 사랑이 네가 어
릴 때는 스킨십도 하고 애교도 있었는데 지금은 네가 자퇴
를 한다고 하니 회사에 가도 일이 손에 잡히지 않고 업무
적인 사람들을 만나도 그 사람들의 말이 들리지 않고 가
슴이 먹먹하다. (아빠가 가지는 딸에 대한 감정을 표현한다.)
학교에서도 집에서도 어떤 감정인지 모르겠다는 거구나.
그럴 만하겠네. (사랑이가 한 말을 요약해 말한다.)

모： 나도 우리 딸이 웃지도 않고 방에서 인터넷만 하고 있으니 속상해. 인터넷상에서 만나는 친구들도 좋지만 예전처럼 친구들하고 만나고 놀러다니는 딸 모습 보고 싶은데…… 요즘은 회사에 가도 일이 손에 잡히지도 않고 우리 딸 생각하면 뭐가 뭔지 몰라 어떻게 해야 할지 몰라 슬프다. (엄마가 가지는 딸에 대한 감정을 표현한다.)

소통을 위해서는 가능한 한 훈계나 충고와 같은 조언은 하지 말아야 한다. 하지만 부모들의 입장에서 조언, 훈계, 충고를 빼고 말하기란 쉽지 않다. 그러다 보니 자신의 의견을 말하는 것은 자칫 상대를 비난하는 투가 되기 쉽다. 그래서 중요한 것이 마음을 자유롭게 표현하는 가족 분위기를 만드는 일이다. 옳고 그름의 판단은 부모가 해야 한다는 위험한 사고에서 벗어나 아이에게 의견에 따른 마음을 묻고 자유롭게 말하도록 해야 한다. "그렇게 하면 네 마음이 어떨 것 같니?"와 같은 질문을 통해 아이의 감정 상태를 묻고, 그 후에 아이의 의견에 대한 부모로서의 마음을 "네가 그렇게 말하니 엄마의 마음은 이렇다." 하는 방식으로 솔직하게 말할 수 있어야 한다. 부모라고 해서 항상 옳다고 할 수는 없기 때문이다. 이렇게 서로의 마음을 묻고 그 마음이 둘 다 좋다면 그때 비로소 OK가 되는 셈이다.

자녀와 공평하게 싸운다는 것은 서로가 공평하게 마음이 편해야 한다는 의미이다. 아이가 다른 사람과 건강하게 소통하기를 원한다면 부모가 먼저 아이의 마음을 헤아려 주고 공평하게 대화할 줄 알아야 한다. 부모의 일방적인 소통은 아이를 병들게 하는 잘못된 소통법이라는 것을 아는 부모 아래에서 자란 아이들은 마찬가지로 그런 부모를 본받아 긍정적인 인간관계를 가꿔 나간다. 그러니 서로 자유롭게 의견을 주고받고 서로 존중하는 가족 분위기를 만들도록 해야 한다. 그것만이 어느 누구도 다치지 않는, 건강하고 옳은 소통이다.

02

나를 보호하는
'거절의 말'

새 학기를 맞은 민서(5학년)는 담임 선생님이 출석을 확인하려고 이름을 부르자 대답을 하지 않았다. 선생님은 몇 번이나 민서의 이름을 더 불렀지만 민서는 답하지 않았고, 그런 상황이 며칠이 넘게 계속되자 결국 상담실로 찾아오게 되었다. 민서는 어떤 질문에도 입을 꾹 다물고 묵묵부답이다가 내가 "말하고 싶지 않니?"라고 묻자 고개를 끄덕였다. 그런 민서를 보며 나는 "그래도 들을 수는 있으니 다행이구나." 하고 웃으며 말해주었다.

다른 사람의 말을 거절하는 일은 어른에게 쉽지 않은 일이다. 갑자기 친한 친구가 찾아와 돈을 빌려달라거나 '빚보증'을 서달라고 한다면 선뜻 뭐라고 말해야 할지 몰라 당황스러운 게 사실이니까.

때로는 제대로 거절하지 못하고 무리한 부탁을 들어주었다가 결국 돈과 친구 모두를 잃는 결과를 맞이하기도 한다. 그렇다면 우리는 왜 이런 실수를 하게 되는 걸까? 그건 바로 내 마음을 확실하게 모르기 때문이다. 자신의 생각이나 감정을 솔직하게 표현하지 못하는 사람들은 자신의 감정을 잘 모르는 경우가 많다. 자신의 마음을 정확히 알지 못하니 상대의 요구를 내가 들어주지 않으면 이 소중한 관계가 멀어질까 봐 두려워한다. 또한 체면이 구겨질까 봐 두려운 마음에 자기 자신을 구렁텅이로 밀어 넣기도 한다.

이렇듯 어려운 부탁이나 무리한 요구로부터 자신을 보호하려면 거절의 말을 할 줄 알아야 한다. 이 역시 부모로부터 자연스럽게 배우는 것이 중요하다. 예를 들면 아이가 떼를 쓸 때 "네가 떼를 쓰면 엄마는 화가 나서 네가 원하는 것을 들어 줄 수 없어."라고 부모로서의 감정을 설명하며 부드럽게 거절의 말을 표현해 준다. 이처럼 먼저 부드럽게 감정을 표현하며 거절하는 방법을 보여 주면 아이 역시 자연스럽게 거절하는 방법을 익힐 수 있게 된다.

민서의 경우 집에서는 가족들과 큰소리로 웃고 떠들며 대화를 잘 나누면서도 학교에만 오면 입을 꾹 다물고 누구와도 말을 섞지 않았다. 심지어 그 기간이 1년이 다 되어 가던 상태였다. 학교에서 친구들과 어울려 생활하다 보면 피해를 입거나 불편을 겪는 일이 생기기 마련인데, 민서는 그럴 때마다 어떻게 말해야 할지 몰라 아예 입을 닫아버렸다. 자신을 보호하기 위해 '선택적 함묵증'으로 대응한 셈이다.

사실 초등 고학년쯤 되면 여자아이들은 그룹을 만들어 학교생활을 한다. 이러한 그룹들은 힘 있는 리더를 중심으로 소통되다 보니 리더가 "쟤 왜 저래?!" 하는 한마디로 아이를 그룹에서 밀려나게 만드는 경우가 부지기수다. 민서도 마찬가지였다. 그룹에서 밀려날까 봐 리더의 행동이 못마땅해도 아무 말 못하고 리더의 말에 좌지우지되는 그룹의 분위기가 싫어 아예 친구들과 벽을 치는 선택으로 이어지게 되었다. 결국 민서는 학교에서 말 안 하는 아이로 낙인찍혀 말을 할 수 없는 아이가 되어버리고 말았다.

민서는 유치원생이던 때부터 절친했던 친구 A와 5학년 때 같은 반이 되어 좋았다고 했다. 그런데 그 친구는 민서와 잘 놀다가도 학급 그룹의 리더가 나타나면 같이 놀던 민서의 존재를 무시하고 가버리곤 했다. 민서는 그렇게 가장 친하다고 생각했던 친구에게 상처를 받았다. 이런 일들은 고학년 교실에서 일반적으로 일어나는 일이다. 아이들은 그룹의 리더가 되기 위해, 혹은 리더를 끌어내리기 위해 안간힘을 쓰기도 하고 리더에게 밀려나면 교실에서 외톨이가 되기 때문에 잘 보이려고 노력하기도 한다. 하지만 민서는 리더를 끌어내리기 위해 리더의 뒷담화를 하는 것도 싫었고, 리더에게 잘 보여 그룹의 일원이 되는 것도 싫었다. 그렇다고 리더에게 솔직하게 "교실에서 다 같이 놀자."라고 이야기할 수 있는 힘이 있는 것도 아니었다. 누구도 교실생활에서 그 리더의 잘못된 태도를 공개적으로 말하는 친구는 없었기 때문이다. 결국 민서는 반복되는 상처에 이러지도 저러지도 못한 채 자신을 보호하고자 입을 다물어버리고 학교생활을 이어오고 있었다.

마트의 장난감 코너를 지나다 보면 부모가 아이와 서로 실랑이를 벌이는 모습을 흔히 볼 수 있다. 이럴 때는 자녀의 충동적인 행동에 대해 "이게 갖고 싶은 거야? 엄마도 사주고 싶어."라고 자녀와 엄마의 감정을 말한 다음 "생일날과 크리스마스날에만 갖고 싶은 장난감 사주기로 약속했었지?" 하고 말하며 장난감을 사줄 수 없는 이유를 차분하고 친절하게 설명함으로써 아이의 요구를 거절하는 것이 가장 좋은 거절방식이다. 무턱대고 아이 손을 잡아끌거나 화를 내는 것은 자녀를 소유물로 생각하는 부모의 일방적인 행동이므로 바람직하지 않다. 부모의 일방적인 태도는 아이에게 자신과 다른 사람의 경계를 세우지 못하게 만들어 친구의 행동에 침범하는 원인이 되기도 하기 때문이다. 심한 경우 이런 영향을 받은 아이들은 교실 안에서 어두운 리더가 되기도 한다.

자녀가 친구들과 단톡방에서 하하호호 대화를 나누는 상황에서 갑자기 심부름을 시키는 것도 마찬가지다. 부모의 일방적인 심부름 요청은 아이 입장에서 당황스러울 수 있는 게 사실이다. 그러므로 아이가 부모의 요청에 "엄마 나 지금 바빠요!"라고 이야기한다면 아이의 입장을 수용해 주는 모습을 보여 주어야 한다. 부모가 일방적으로 야단을 치거나 시키는 일을 하지 않은 것에 제재를 가하며 좋아하는 일을 못하게 협박한다면, 이는 곧 아이가 부당한 상황에 처했을 때 자기감정을 말로 표현하기보다는 문제를 회피하는 성향을 갖게 만든다.

민서 부모의 양육 태도도 그랬다. 민서 엄마는 민서 친구들의 단톡방 대화 내용을 보게 되었다. 딸의 친구가 보낸 메시지는 차마 입에 담지 못할 욕설이 가득했다. 청소년들이 사용하는 비속어는 다들 잘 알다시피 대부분이 욕이다. 예를 들어 X발, 개XX, X 같은 X 등 많이 쓰인다. 심한 경우 악의적으로 사진을 합성하여 피해자를 특정할 수 있는 소문을 퍼뜨리기도 한다. 민서 엄마는 딸이 너무나 안쓰럽고 속상한 마음에 친구에게 똑같이 욕을 하라고 말했다. 하지만 민서와 민서 엄마에게 돌아온 것은 해결은커녕 오히려 더 심한 욕설이었다. 그리고 안타깝게도 이런 상황들은 그룹에서 밀려난 아이들이 흔히 겪는 일들이다. 그렇게 민서는 친구들의 무지막지한 욕설과 부당한 상황에서 제대로 감정을 표현하지 못하는 자신을 보호하고자 '선택적 함묵증'으로 숨어 버리게 되었다.

상처받는 말을 들으면 누구나 불쾌감을 느낀다. 그럴 때는 그 감정을 솔직하게 말할 수 있어야 한다. 부모의 입장에서 민서가 친구들에게 욕설을 들었을 때 가장 해주어야 했던 것은 민서를 괴롭히는 아이를 비난하는 게 아니라 민서의 마음을 알아주는 일이다. 민서가 듣고 싶었던 말은 "요즘 학교생활이 많이 힘들겠구나!" "믿었던 친구에게서 배신감을 느끼는구나, 그 마음을 엄마는 이해해."와 같은 말이었다. 하지만 민서 엄마는 "너도 똑같이 욕을 해!"라고 말함으로써 오히려 민서의 마음을 더 다치게 하는 결과를 만들고 말았다. 민서는 또한 자기를 버리고 리더에게 가버리는 친구에 대해서도 "리더에게 밉보이면 교실에서 외톨이로 지내야 하는 두려움 때문에 그런 것이라는 것을 잘 알아요. 하지만 그래도 그런 친구가 더 미웠어요."라고 말했다.

이처럼 내 아이가 친구 관계에서 곤란한 문제에 처한 경우, 부모로서 어떻게 해야 현명한 태도를 보일 수 있는 것인지 난감해하는 부모가 많다. 이럴 때는 우선 내 아이가 학급의 어두운 리더가 되지 않도록 보살펴야 한다. 어린 동급생들이 학급에서 무서워하는 리더들은 사실 부모에게 존중받지 못하고 소유물로 전락해 버린 아이들이 자신의 힘(존재감)을 과시함으로써 생존하고자 하는 태도에서 비롯되는 것이기 때문이다. 즉, 부모가 자신의 감정을 알지 못해 억누르고 아이의 감정까지 억압하는 태도에서 비롯된 것이다. 이러한 양육 태도는 아이가 중·고등 시기가 되면 부모에게 반항하거나 학교를 거부하는 등의 행동으로 나타나 부모를 힘들게 만들기도 한다.

무엇보다 중요한 것은 가정에서 부모와 자녀가 서로의 말이나 행동으로 불쾌감을 느낄 때 자연스럽게 감정을 표현하고 수용하는 것이 가능해야 한다는 점이다. 아이가 편하고 솔직하게 자신의 감정을 표현할 수 있도록 돕는 것이 부모의 역할이다.

내 아이가 학교생활뿐만 아니라 사회생활, 직장생활에도 잘 적응하기를 바라는 마음은 모든 부모가 같다. 하지만 요즘 많은 청년들이 어렵게 명문대를 나와 좋은 직장에 취직하고도 부당함을 느낄 때 적절한 말로 대응하는 법을 몰라 아까운 직장을 포기하는 것을 볼 수 있다. 친한 친구가 어려운 부탁을 하거나 직장동료에게 무리한 요구할 때도 마찬가지다. 내 감정을 확인하고 솔직하게 "미안하지만 그건 내가 들어줄 수 없어."라고 부드럽고 단호하게 말할 줄 알아야만 자기를 보호할 수 있다. 하지만 가정에서 자연스럽게 부드러운 거절의 말을 하고 또 수용하는 법을 배우지 못한다면 아이는 학교생활은 물론이고 직장생활에서도 큰 어려움을 겪게 된다. 부당한 상황에서 거절의 말로 자신을 보호할 수 있을 때, 아이는 건강한 인간관계를 통해 행복한 미래를 만들어갈 수 있다.

03

타당성 있는 말, 공감대 형성한다

이솝우화에 나오는 〈여우와 두루미〉 이야기에서 여우는 두루미를 초대하고는 납작한 접시에 콩 수프를 담아 대접한다. 여우와 두루미의 입 모양이 다르다는 것을 인식하지 못했기 때문이다. 그다음에는 반대로 두루미가 여우를 초대해 목이 긴 병에 음식을 담아 대접한다. 결국 둘은 상대방이 주는 음식을 먹지 못한다.

하지만 여우와 두루미는 서로의 잘못을 깨닫게 된다. 상대의 입 모양 차이를 모르고 자신의 입 모양에 맞는 그릇에 수프를 담았다는 실수를 인정했다. 이처럼 공감이란 여우와 두루미처럼 서로의 입장을 온전히 수용하고 이해해 주는 말을 하는 것이다. 하지만 부모들은 아이의 입장을 이해하기보다는 도덕성과 합리성을 따지기를 좋아한다. 즉 공감의 말보다 이치에 합당한 말을 하는 것이 부모의 역할이라고 생각하는 경우가 많다. 그래서 아이의 마음에 공감하기란 쉽지 않다.

아이들도 마찬가지이다. 아이들은 실수를 통해 배운다. 아이들의 말과 행동에 대한 주장은 타당성이 있는 듯하지만 모순되는 점들이 많다. 나름 옳다고 생각하고 하는 말들이 모순투성이다. 아이들의 시각은 어른들과는 달리 전체를 보는 시각이 부족하기 때문에 그렇다. 한계가 있다. 그래서 아이들은 설사 자신이 잘못된 행동을 하더라도 부모로부터 무조건적인 이해를 받고자 한다. 즉 잘잘못을 떠나 자신의 행동에 대한 타당함을 인정받고 싶어 한다.

부모들은 일반적으로 자녀들에게 보이지 않는 미래를 위해서 지금을 희생하라고 말한다. 공부만 잘하면 뭐든 가질 수 있다고 말이다. 그런 부모의 말을 잘 이해하지 못하는 자녀에게 미래만 보라고 강조하게 되는 이유는 명확하다. 부모의 입장에서 내 아이는 좀 더 나은, 다른 삶을 살기를 바라기 때문이다. 하지만 요즘 아이들은 공부를 통한 성공보다는 부자가 되고 싶어 한다. 세대에 따라 가치관은 달라지기 때문이다. 하지만 부모들의 가치관에는 공부가 빠질 수 없다. 공부를 잘하면 원하던 것을 이루어내던 주변인들의 모습으로부터 공부가 중요하다는 것을 뼈저리게 느꼈기 때문이다. 그러다 보니 내 아이들의 미래를 미리 대비하고자 하는 차원에서 말을 하고 있다. 하지만 여우와 두루미의 입장이 있듯이 부모와 자녀의 입장은 다르다. 자녀가 어떤 실수를 했을 때 "네 입장에서는 그럴 수밖에 없었겠구나."라는 말은 아이의 입장에서 타당함을 수용해 주는 말이다.

간혹 학교에서 다른 아이들의 물건을 훔치는 아이에게 "이게 갖고 싶었구나?" "이것을 훔쳐야 하는 무슨 일이 있어?"라고 물어보면 아이는 '부모의 사랑을 받고 싶은 마음에 그랬다' 혹은 '미운 친구랑 잘 지내고 싶은 마음에 이런 행동을 했다'라고 고백한다. 그러면 부모는 어떻게 해야 할까? 아이가 벌인 행동의 원인을 알게 되었다면 이제 아이의 입장이 되어 "너에게 관심을 두지 않아 속상한 마음에 그랬구나." "그 친구가 미워서 그랬구나."라고 말해주어야 한다. 그러면 아이는 자신의 실수를 깨닫고 다시는 남의 물건을 훔치는 일이 없게 된다. 즉 아이의 행동보다는 마음을 먼저 알아주어야 소통이 이루어질 수 있다.

앞선 파트인 '경청의 의미'에서 부모는 아이가 한 말을 잘 듣고 요약해서 아이에게 들려주어야 한다는 이야기를 했다. 경청을 하면서 중요한 것은 부모의 판단이 개입되지 않은 아이의 입장을 이해해 주는 말이다. 예를 들어 보자. 다음의 상황은 아이가 만든 로봇 장난감을 동생이 부수어 화를 내면서 동생을 때리는 상황이다.

<일반적인 대화>

아이 : (동생을 밀친 후 동생과 같이) 엉엉 흐어어어…….
　　　 동생이 내 장난감을 부수었단 말이에요, 속상해. 엉엉.

부모 : 뭐야, 왜 울어? 동생을 왜 때려!? (판단하는 말)

아이(형) : 으이씨~! (반항)

부모 : 뭐 그까짓 걸로 울어! (판단) 아빠가 다시 만들어 주면 되
　　　 잖아. (훈계)

<타당성을 인정해주는 대화>

아이 : (동생을 밀친 후 동생과 같이) 엉엉 흐어어어…….

부모 : 무슨 일 있었니? (판단 없이 질문)

아이(형) : 동생이 내 장난감을 부수었단 말이에요, 속상해. 엉엉.

부모 : 동생이 네가 만든 장난감을 부수어 속상하다는 거니? (경
　　　 청한 것을 말로 표현)

아이 : 네.

부모 : 네가 어렵게 만든 로봇을 동생이 망가뜨려서 화가 났구
　　　 나, 네가 화가 날만 하구나. 아빠도 어릴 때 동생이 내 새
　　　 옷을 말없이 입고 나가서 화가 난 적이 있어. 그래서 네
　　　 마음 이해할 수 있어. 네 입장에서 동생을 때리고 싶을 것
　　　 같아. (아이가 동생을 때리는 마음을 판단하기보다 타당성을 인
　　　 정하는 말)

아이는 부모와의 상호작용을 통해 사회적 기술을 배운다. 사회적 기술에서 중요한 것은 상대의 말을 어떻게 받아들이고 나의 말을 어떻게 표현하는가이다. 위의 '일반적인 대화'는 소통을 불통으로 이끌어가는 대화이고 '타당성을 인정하는 대화'는 아이의 마음을 알아주며 공감으로 이끌어가는 대화이다. 아이가 동생을 때린 행동에는 그 이면에 형이 동생을 때릴 수밖에 없었던 상황이 있었다. 아이들이 싸우고 울고 할 때는 나름의 이유가 있다는 것을 인정해야 한다. 그러나 많은 부모들이 성급한 판단으로 '형이라는 이유'를 들면서 상황과 이유를 파악할 생각도 하지 않고 형을 야단치는 경우가 비일비재하다. 이는 자칫 형제간의 갈등을 일으키는 주범이 되기도 한다. 즉, 부모의 말이 형제간의 불화를 만드는 씨앗이 되는 것이다.

학교상담을 하면서 나는 아이들의 어려움이 무엇인지 알고 싶었다. 연말이면 상담사례를 통계로 알아보곤 했는데 이때 가장 많은 갈등이 바로 형제간의 갈등이었다. "엄마가 동생만 예뻐해요!" "아빠가 누나만 예뻐해요!" 등 엄마아빠의 작은 실수는 아이들에게 큰 영향을 미친다. 아이들은 말하지 않아도 느낀다. 집이라는 울타리 안에서 자신의 존재감이 어느 정도인지를. 동생보다 인정받고 싶고 누나보다 인정받고 싶은 그 마음들을 극복하고자 아이들은 온 힘을 다 쓴다. 그래서 서로 싸우기도 한다.

아이의 행동에 잘잘못을 가리는 일은 잠시 미루어 두고 아이의 입장에서 공감해 준다면, 비록 아이의 행동이 잘못되었지만 타당하다는 것을 인정해 준다면, 아이는 야단맞을 것이 두려워 세우고 있던 경계를 풀고 마음을 연다. 그러나 많은 부모들이 아이의 입장을 이해하기보다는 그저 아이가 뭐든 잘하기를 바라기에 문제가 생긴다. "너는 형이니까", "네가 동생이니까"와 같은 말들로 아이들을 비교하고 판단하는 말을 자연스럽게 하게 된다. 결과적으로 이러한 말들은 형제 사이의 갈등을 부추기고 부모와 아이의 관계도 망치는 지름길이 된다.

많은 부모들이 아이가 울음을 터뜨리면 "당장 그치지 않으면 혼날 줄 알아!"라고 협박하고 "울면 안 된다."고 훈육하기도 한다. 또 아이가 속상해서 화를 낼 때는 "뭘 잘했다고 화를 내!"라고 억압하고 실수하면 "그럴 줄 알았다." 또는 "사내 녀석이 그깟 일로 울어?"라고 비난하기도 한다. 이렇게 부모로부터 협박, 훈육, 억압, 그리고 비난의 말을 듣는 아이들의 마음은 어떨까? 아이들은 부모님이 나를 미워한다는 마음을 갖게 된다.

우선은 아이의 말을 수용하여 경청해야 한다. 그리고 경청한 내용에서 아이가 잘못된 행동을 했더라도 아이 입장에서 그렇게 행동할 수밖에 없었던 타당함을 인정해 주어야 한다. 그 비결은 간단하다. 마치 내가 아이가 된 것처럼, 아이가 입고 있는 그 옷과 신발을 신은 것처럼 아이의 입장이 되어 그 마음이 되어 보는 것이다. 그래야만 아이의 입장에 공감해 줄 수 있다. 물론 아이의 행동이 바람직한 행동이 아니라면 잘못된 것을 바로잡아주어야 하는 것이 부모의 도리이다. 하지만 문제는 '판단하는 말'이다. 판단하는 말은 아이뿐만이 아니라 어른들조차 평가받는 기분이 들게 만든다. 평가받는 기분이 들게 되는 말은 누구든 더 듣고 싶지 않아 귀를 닫고 마음도 닫게 만든다. 먼저 아이를 이해하자. 아이는 자신의 실수를 수용받지 못한 채 부모로부터 야단을 맞으면 자신이 무엇을 잘못했는지 알지 못한다. 그저 부모가 자신을 미워한다는 마음만 가지게 될 뿐이다.

어느 부모나 내 아이가 실수한 행동을 반성하고 깨닫고 바르게 행동하기를 바란다. 하지만 아이들은 세상에 대한 탐색과 도전으로 의도치 않은 실수를 하기 마련이다. 그래서 아이의 입장에서는 누구나 실수할 수 있다는 것을 부모가 인정해 주는 것이 무엇보다 중요하다. 실수한 아이의 잘못된 행동을 그냥 두라는 말이 아니다. 사람은 자신이 잘못한 것을 아는 순간 자신도 모르게 당황하고 두려운 마음을 갖게 된다. 또 거기에 대한 책망을 들을까 봐 어떻게 해야 할지 모르는 등 여러 가지 복잡한 감정을 느낀다. 그러니 그런 잘못된 행동에 대해 지적받는 순간 감정은 불난 집에 부채질을 하는 격이 된다. 더욱 자신의 잘못을 인정하지 못하게 되는 셈이다. 하지만 자신이 잘못한 행동에 대해 이해받고, 그 실수에 대한 타당함을 인정받는다면 어떨까? 어른이든 아이든 자신이 스스로 무슨 잘못을 했는지 인정하게 된다. 그렇기 때문에 아이의 실수를 보는 순간, 아이의 입장에서 타당함을 인정해 주는 것이 공감으로 가는 지름길이 되는 것 같다.

04

"언제부터",
"무슨 일"인지
질문하라

　몇 년 전 서울에서 개최된 세계정상회의 폐막식에서 벌어진 일이다. 당시 폐막 연설을 마친 오바마 미국 전 대통령이 개최국인 한국에 고마움을 표하며 특별히 한국 기자에게 질문 우선권을 주었다. 하지만 웬일인지 한국 기자들 중 누구 하나 나서서 질문하는 이가 없었다. 오바마 전 대통령이 "혹시 영어 때문이라면 통역이 가능하다."라고 말하기까지 했지만 한국 기자들은 여전히 꿀 먹은 벙어리처럼 조용하기만 했다. 잠시 후 어색한 정적을 깨며 입을 연 사람은 한국 기자가 아닌 중국 기자였다. 오바마 전 대통령의 배려에도 끝까지 한국 기자 중에서 질문하는 이가 나오지 않자 결국 질문권은 그 중국 기자에게 넘어가고 말았다.

당시 이 장면은 많은 사람에게 충격과 부끄러움을 안겨주었고 우리 사회의 민낯을 여실히 드러내는 일화로 지금까지도 사람들의 입에 오르내리고 있다. 그렇다면 왜 한국 기자들은 좋은 기회가 주어졌는데도 오바마 대통령에게 질문하지 못했을까? 답은 단순하다. 질문하다가 창피만 당할까 봐 두려운 마음이 들었기 때문이다.

어른들은 아이들이 엉뚱한 질문을 할 때 "쓸데없는 소리 그만해라." "공부나 해라."라며 면박을 주곤 한다. 또한 어릴 때부터 암기 위주의 주입식 교육에 길들여졌기 때문에 정답 이외의 말은 모두 쓸데없는 것으로 치부해 버린다. 그런 부모를 보며 자란 아이들은 남들과 다른 의견이나 질문이 있을 때도 사람들이 "쓸데없는 말을 한다."고 할까 봐 그냥 입을 다물어버린다. 아마 당시 한국 기자들이 오바마 전 대통령에게 질문하지 못한 것도 이러한 소통의 문화 때문이었을 듯하다.

아이에게 질문할 줄 모르는 부모는 아이가 문제 행동을 할 때도 무엇부터 물어야 할지 몰라 전전긍긍하게 된다. 그래서 급한 마음에 잔소리를 한다. 그러나 잔소리에는 아이를 하나의 인격체가 아닌 부모에게 종속된 존재(소유물)로 여기는 심리가 담겨 있기 때문에 문제를 해결하는데 별 도움이 되지 못한다. 오히려 잔소리로 아이들을 억압하고 구속함으로써 상황을 더욱 악화시키게 된다. 아이도 감정이 있는 사람이다. 부모가 아이의 감정을 알아주지 않고 일방적으로 대하면 아이는 심리적으로 불안을 느끼며 부모가 자신을 미워한다고 생각한다. 심한 경우 학습과 관계에서 부적응 행동을 보이기도 한다. 그러다 보면 부모가 아이에게 기대했던 모습은 현실에서 점점 멀어져 가고 서로 관계의 골만 더욱 깊어진다.

이처럼 내 아이를 소유물처럼 여기며 무리한 의무를 강요하는 것은 부모가 반드시 지양해야 할 태도이다. 어릴 때는 그럭저럭 부모의 잔소리에 따르던 아이들도 사춘기가 되면 부모의 억압과 통제에서 벗어나기 위해 일탈 행동을 하게 된다. 그동안 숨겨왔던 억눌린 감정들을 서서히 드러내기 시작한다. 부모들은 착한 아이가 돌변한 원인을 사춘기 탓으로 돌리지만 사실 이는 차곡차곡 쌓인 감정의 폭발일 뿐이다. 즉, 아주 오래전부터 예견된 일이라고 보아야 한다. 따라서 아이가 문제 행동을 할 때는 잔소리보다는 적절한 질문으로 접근하는 것이 중요하다.

어느 날, 광호(5학년 남자) 어머니가 나를 찾아왔다. 어머니의 이야기는 이러했다. 언제부터인가 광호는 학교에서 돌아오면 배가 아프다면서 학원 가기를 거부했다. 병원에서는 별 이상이 없다고 했지만 광호의 행동은 나아지지 않았다. 그러자 광호의 어머니는 아이가 방과 후에 그저 침대에서 뒹굴거리기만 하는 것이 속상해 핸드폰을 사주었다. 광호에게 묻지도 않고 그저 아이에게 기분전환이 필요할 것 같아 그렇게 했다고 했다. 그런데 이번에는 생각지도 못한 더 큰 고민거리가 생겼다. 아침 등교 때마다 아들이 새 핸드폰을 가지고 노느라 화장실에 들어앉아 학교 갈 시간을 훌쩍 넘겨 버리는 일이 일어났다. 생각지도 못한 전개에 광호 어머니는 크게 당황스러웠고, 이런 생활이 반복되자 어떻게 해야 할지를 모르겠다며 내게 도움을 요청했다.

어머니의 문제는 무엇이었을까? 그건 바로 아들의 문제 행동에 어떻게 질문해야 하는지를 몰랐다는 사실이다. 광호가 문제 행동을 할 때 적절한 질문을 함으로써 대화를 시도하지 않고, 자신의 짐작만으로 아이에게 새 핸드폰을 사주면 기분이 좋아져서 문제 행동이 해결되리라 생각한 그 소통방식이 문제였다. 아이의 문제 행동에는 반드시 숨겨진 욕구가 있다. 그러므로 문제를 해결하기 위해서는 질문을 통해 숨겨진 욕구를 파악해야 한다. 그렇다면 아이의 문제 행동에서 숨겨진 욕구를 파악하기 위해서는 어떻게 질문해야 할까?

아이에게 "무슨 일이 있었니?"라고 묻는 것이 문제의 원인을 알수 있는 질문이다. 광호는 친구 관계가 어려워 학교 가는 게 싫었다. 그래서 잠자리에서 일어나기 싫었고 화장실에서 핸드폰을 만지며 시간을 때우게 되었다. 하지만 광호의 어머니는 한 번도 아이에게 왜 그러는지를 물어봐주지 않았다. 다음 질문은 "언제부터 그랬니?"라고 묻는 것이다. 이 질문은 문제가 시작된 시점을 알 수 있는 질문이다. 그러나 광호 어머니는 문제의 원인을 알지 못하니 시점을 물어보는 질문 역시 할 수 없었다. 즉 아이와의 소통에서 질문하는 방법을 알지 못했다.

지난 여름, 교사들을 대상으로 3일 동안 진행했던 강의에서 '내 자녀가 문제 행동을 보일 때 "무슨 일 있었니?"라고 물어보고 자녀의 반응이 어떻게 나타나는지'에 대한 과제를 내주었던 적이 있다. 그리고 다음 날, 강의 시간에 과제에 대해 묻자 역시나 교사들조차도 누구 하나 먼저 자유롭게 나서는 사람이 없었다. 그러다 전날 적극적으로 강의에 참여했던 교사 한 분이 뭔가 할 이야기가 있는 듯하여 물어보았다. 그분은 저녁에 학원에서 늦게 돌아온 중학생 딸이 유난히 지쳐 보이기에 다른 말 없이 "무슨 일 있었니?" 하고 물었다고 하였다. 그러자 "학원 수업이 많아서 힘들어!"라는 대답이 돌아왔다. 그래서 "어떻게 하면 좋을까?" 하고 물었더니 딸아이가 "어쩔 수 없지, 뭐."라고 담담하게 대답해서 내심 놀랐다고 했다. 그 전까지는 저녁에 딸이 집에 돌아오면 뭔가 불만이 가득한 모습을 보여서 이를 지켜보며 뭐라 말을 하지도 못하고, 또 학원을 그만두게 할 수도 없어서 아이의 눈치만 보는 날이 계속되었다.

이처럼 아이에게 적절한 질문을 해주는 것은 소통으로 이끌어주는 훌륭한 통로가 된다. 아이가 문제 행동을 보일 때도 마찬가지이다. 아이를 억압하는 잔소리나 부모의 잣대로 보는 판단의 말보다는 "무슨 일 있었니?"라는 질문을 통해 아이의 마음을 탐색하는 것이 무엇보다 중요하다.

많은 부모가 아이와 원활히 소통하기를 바라면서도 문제 행동에 대한 첫 단추인 '질문'을 어떻게 해야 할지 몰라 소통을 불통으로 만들어버리곤 한다. 이때 중요한 건 문제 행동에 대한 원인과 그 문제 행동이 일어난 시점에 대해 묻는 것이다. 모든 문제 해결의 실마리는 원인과 시점을 아는 것으로부터 시작되기 때문이다. 하지만 부모는 당장 눈앞에 보이는 아이의 부정적인 반응에만 집중해서 아이보다 더 크게 화를 내고는 한다.

부모의 폭력적인 반응은 아이로 하여금 자신이 큰 잘못을 저질렀다는 죄책감을 갖게 해서 감정을 억누르게 만든다. 그러므로 아이가 문제를 겪을 때 부모가 판단 없이 질문을 통해 대화를 시도하는 것이 매우 중요하다. 아이의 문제 상황을 존중하고, 적절한 질문으로 대답을 유도하며 대화로써 소통하는 부모의 태도야말로 아이의 인생에서 소중한 유산이 될 수 있다.

05

부모가
아이의 말에
귀 기울이는 소통법

부모가 아이들 말에 귀 기울이지 못하면 아이들은 짜증을 많이
내고 화를 쉽게 낸다. 심각한 경우, 누군가에게 적개심을 표현하며
잦은 다툼을 벌이기도 한다. 이는 아이가 세상을 안전한 곳으로 인
식하지 못하게 되어 불안한 마음에 스스로를 보호하고자 일어나는
본능이다. 어떤 아이들은 심지어 다른 아이들이 자신을 해치려 한
다는 생각에 보복을 하려고까지 한다. 부모와의 부정적인 대화가
아이에게 끼치는 나쁜 영향은 여기서 끝이 아니다. 낮은 자존감으
로 자신감이 없다 보니 매사를 해 보지도 않고 안 된다는 생각을 먼
저 하게 되고, 아직 오지도 않은 미래인 자신의 삶에 두려움을 느
낀다. 그래서 다른 친구들과 어깨를 나란히 하지 못하고 자신이 해

야 할 일인 학습을 회피하거나 심한 경우 자퇴를 선택한다. 아이들이 이러한 태도를 나타내게 되는, 부모의 부정적인 대화가 가진 가장 큰 문제점은 무엇일까? 그건 바로 부모들이 아이들의 행동으로부터 '나쁜 사람 찾기'를 한다는 점이다. 아이들은 나쁜 사람이 아니다. 그저 실수하여 나쁜 행동을 보이는 것이다. 때문에 아이들의 그런 행동이 곧 나쁜 사람이 아니라는 사실을 잘 알려주는 것이 중요하다. 이를 제대로 해주지 못하면 결과적으로 아이들의 자존감은 밑바닥까지 곤두박질치게 된다.

부모의 부정적인 대화방식의 예는 다음과 같다.

〈엄마의 부정적 대화방식〉

창엽 : (학교에서 돌아와 휙! 가방을 현관에 내던지며 씩씩거린다.)

엄마 : (못마땅하여 큰 목소리로 화를 낸다.) 너, 어디서 배워먹은 못된 버릇이야! 가방 똑바로 갖다 놓지 못해! 학교 갔다 왔으면 인사하고 손부터 씻어야지!

〈창엽이의 행동에 나쁜 사람 찾기를 한 엄마의 부정적인 말〉

아이 : (잔뜩 주눅 든 목소리로) 학교에서 나만 선생님께 야단맞았단 말이에요!

엄마 : (아이의 마음에 비수를 꽂으며 더 큰 목소리로) 네가 뭘 잘못했겠지!

〈나쁜 사람이 된 창엽이의 행동, 자라면서 자신을 부정적으로 인식하게 된다.〉

창엽 : (문을 쾅 닫고 방으로 들어가 버린다.) 에이씨……

자녀의 말에 귀를 잘 기울여주는 부모를 둔 아이들은 잘 웃는다. 교실에서 누가 툭 치고 장난을 해도 받아넘기는 너그러움이 있다. 그래서 다른 친구들에게 친근하게 다가가기도 하는 등 호감을 주기 때문에 친구들로부터 인기도 한몸에 받는다. 이런 아이들의 경우 안정감이 있어 세상에 도전하고자 하는 자신감이 있고, 또 긍정적이면서도 희망적이다. 부모가 잘 들어준다는 것 하나만으로도 아이들은 자존감 상승과 독립심 향상, 그리고 사회적 능력 역시 강화될 수 있다.

부모의 긍정적인 대화방식 예는 다음과 같다.

창엽 : (씩씩거리며 휙! 가방을 현관에 내던진다.)

엄마 : (부드러운 목소리로) 학교에서 무슨 일 있었어?

창엽 : 몰라요! 짜증나요!

엄마 : (조금 기다려주며) 우리 창엽이가 화가 많이 나서 엄마하고도 말하기 싫구나!

창엽 : 네.

엄마 : 학교에서 무슨 일이 있었니?

창엽 : 준서가 자꾸만 나를 따돌려요.

엄마 : 준서하고 잘 지내더니……. 언제부터 그런 기분이 들었는지 이야기해 줄 수 있겠니?

창엽 : 지난번부터요.

엄마 : 그때 무슨 일이 있었는지 엄마한테 이야기해 줄래?

창엽 : 저번에 현장학습 갔을 때 친구들하고 놀고 있었는데 준서가 놀자고 했어요. 그런데 다른 친구들과 한참 재미있는 게임을 하는 중이라 준서하고 놀 수가 없었어요.

엄마 : 그랬구나. 그래서 너는 기분이 어땠어?

창엽 : 나도 미안했어요, 하지만 어쩔 수 없었어요. 그런데 준서가 자꾸 나를 따돌려요.

엄마 : 그러니까 네 말은 현장학습을 갔을 때 친구들과 재미있게 놀고 있었는데 준서가 놀자고 했고 그렇지만 너는 그때 놀 수가 없었다는 거구나? (상황) 그래서 준서에게 미안했는데……. (감정) 준서는 그런 너의 마음은 몰라준 채 너를 따돌려서 화가 났다는 말이구나!(경청 / 아이가 한 말을 잘 듣고 상황-감정을 잘 표현해준다.)

창엽 : 네.

엄마 : 그럴 만하겠네. (창엽이가 집에 와서 화를 낸 것에 대한 타당함을 인정하는 말을 한다.) 다른 친구들과 재미있게 놀고 있는데 준

서가 갑자기 놀자고 해서 당황스럽기도 하고 어떻게 할 수 없어 준서하고 같이 놀아주지 못했는데 그 일로 준서가 너를 따돌린다는 거구나. 그래서 오늘 이렇게 화가 난 거야?

창엽 : 네.

엄마 : 화날 수도 있겠구나. 엄마도 그런 상황이라면 무척 화날 거야. 엄마도 학교 다닐 때 나는 다른 친구들하고 놀고 싶었는데 친한 친구가 자꾸만 질투를 해서 그 친구 눈치 보느라 좀 불편한 적이 있었는데……. 그래서 그런 기분을 느낀 적이 있었단다. (아이의 상황과 나이에 맞게 엄마가 겪었던 일을 이야기하며 공감대 형성하는 말을 한다.)

준서가 학교에서 너를 따돌릴 때 너는 어떻게 했니?

창엽 : 갑자기 준서가 말도 못 붙이게 하고 내가 말하려고 하면 다른 데로 가버리고 다른 친구들하고 놀려고 하면 그 친구를 끌고 가버려서 이러지도 저러지도 못했어요.

엄마 : 그때 기분이 어땠어?

창엽 : 속상하고 울고 싶었어요.

엄마 : 그랬구나, 네가 교실에서 준서에게 말을 붙이면 모른 체하고, 그래서 다른 친구들하고 놀려고 하면 준서가 방해를 한단 말이구나. 그래서 이러지도 못하고 네 마음만 속상해서 울고 싶었구나? (경청 / 아이가 한 말을 잘 듣고 상황-감정을 잘 표현해 준다.)

창엽 : 네.

엄마 : 이제 기분이 좀 어떠니?

창엽 : 엄마하고 이야기하니 마음이 좀 편안해졌어요.

엄마 : 기분이 좀 나아졌다니 다행이구나. 그런데 내일 학교에 가면 준서에게 어떻게 하고 싶니?

창엽 : 내일도 교실에서 다른 친구들하고 놀이를 방해하면 한 대 치고 싶어요.

엄마 : 준서가 계속 그러면 한 대 치고 싶다는 거구나? (하면 안 된다는 말보다 먼저 아이의 마음을 인정해 준다.) 네가 기분 나쁜 건 알아. 하지만 때리는 건 안 된다. (남을 해치는 행동을 하면 안 된다는 것을 말해준다.) 준서를 때리고 나면 네 마음은 어떨까? 그리고 준서 마음은 어떨까? (아이가 자신의 행동으로 자신과 다른 사람에게 어떠한 영향력을 미치는지 생각을 할 수 있도록 질문한다.)

창엽 : (한참을 생각하며) 음……. 준서를 한 대 때리고 나면 속은 좀 시원해지겠지만 안 되겠죠. 학교에서 혼나기도 하고…….

엄마 : 네가 준서를 때리고 싶은 마음은 이해해. 하지만 너의 행동으로 너와 준서에게 해를 끼치는 행동은 하면 안 되잖아. (아이의 행동으로 자신과 친구 준서에게 해를 끼치면 안 된다는 말을 해준다.) 더 좋은 방법이 없을까?

창엽 : 준서에게 카톡으로 지난번 현장학습에서 같이 놀자고 했는데 무시해서 미안하다고 해볼게요. (문제해결력, 창엽이가 스스로 문제를 해결하려는 노력을 한다.)

엄마 : 그래, 우리 아들 대견스럽네. 준서에게 꼭 카톡 보내고 어떤 답이 오는지 엄마에게 알려줘.

창엽 : 네.

위 대화에서 주의할 점은 창엽이가 준서에게 사과의 메시지를 보내더라도 준서가 받아주지 않을 수 있는 경우다. 우리 문화에서는 사과의 말을 주고받는 것이 익숙하지 않다. 이는 비단 어른들뿐만이 아니라 아이들도 마찬가지다. 그래서 부모가 먼저 일상 속에서 자연스럽게 사과하는 말을 주고받아야 한다. 부부 사이의 갈등이나 자녀와의 갈등 속에서 실수한 부분을 사과하는 것이 일상이라면 아이들 역시 자연스럽게 사과를 주고받는 법을 배우기 때문이다. 창엽이가 저렇게 사과를 하더라도 준서의 경우 사과의 말을 전하고 받아주는 분위기를 경험하지 못했다면 창엽이의 사과를 다른 친구들에게 자랑거리 삼으며 카톡방에서 자신의 승리라고 내세울 수도 있다. 그렇다면 창엽이는 괜한 일을 한 게 되는 걸까?

결코 그렇지 않다. 창엽이가 부모를 통해 자신의 부정적 감정을 표출하고 위로를 받았다는 것이 중요하다. 모든 일이 해결될 수는 없다. 하지만 사과를 하는 것은 창엽이의 마음이고 사과를 받아주지 않는 것은 준서의 선택이다. 따라서 준서의 선택보다는 창엽이가 자신의 문제를 스스로 해결하려는 노력을 하게 해주는 것이 더 중요하다. 준서가 사과를 받아주는 것과는 별개로 창엽이는 부모와의 긍정적인 대화방식을 통해 한발 한발 독립심을 향상시켜 나갈 수 있기 때문이다.

06

심상을
드러내는
방어의 말

　바깥놀이를 하러 가기에는 너무 짧고 그냥 앉아 있기에는 아까운 쉬는 시간. 교실에서는 아이들의 공기놀이가 펼쳐진다. 반 아이들이 옹기종기 모여서 바닥에 철퍼덕 엉덩이를 깔고 앉아 공기 대결에 한창이던 그때, 사물함에 물건을 넣으러 가던 경민이는 공기놀이를 하느라고 다리를 쭉 뻗고 있던 다예를 툭 치고 말았다.

"야, 왜 내 다리 차는 건데!"
"내가 언제?"

　두 아이의 눈에서 불꽃이 튀는 순간, 다행히도 쉬는 시간이 끝났음을 알리는 종소리가 울린다. 그렇게 사건은 일단락되는 듯했다. 하지만 경민이는 다예에게 들은 비난의 말 때문에 도무지 기분이 나아지질 않는다. 그래서 다음 쉬는 시간이 되자 다예의 책상에 걸려 있는 가방을 일부러 차고 지나간다. 그렇게 해서라도 자신의 불편한 감정을 드러내고 싶었기 때문이다. 반면에 다리를 맞고도 사과의 말을 듣지 못한 다예는 가뜩이나 기분이 상해 있던 차에 경민이가 또다시 가방을 차자 분한 마음을 삭이지 못한다. 결국 가벼운 실수로 시작된 작은 갈등은 서로를 미워하게 되는 씨앗이 된다.

학교에서 아이들이 갈등을 일으키는 가장 큰 원인은 자신의 잘못된 말과 행동을 인정하지 않는 것에서 비롯되는 경우가 흔하다. 예를 들어 그룹 활동에서 조금 뒤처진 친구에게 한 아이가 "야, 빨리 해!"라고 말하면 그 말을 들은 아이는 "너나 빨리 해!"라고 받아친다. 수업 시간에 떠드는 친구에게 한 아이가 "조용히 해!"라고 말하면 마찬가지로 "너나 조용히 해!"라는 말의 방어막이 등장한다. 어떤 아이들의 경우 단순히 받아치는 것을 넘어 잘못된 행동을 현장에서 들켰음에도 자기 잘못을 인정하지 않기도 한다. 상대방이 먼저 시작해서 그랬을 뿐이라며 본인은 아무 잘못이 없다고 우긴다.

아이들의 이러한 방어막은 잘못한 것을 모른다기보다는 사과하는 법을 모른다고 보는 편이 더 정확하다. 아이들은 그저 부모로부터 보고 배운 것을 그대로 따라 할 뿐이다. 부모가 서로 싸우는 것을 보았을 때, 혹은 부모가 다른 사람과 잘잘못을 가리는 것을 보았을 때 사과하는 것을 보지 못했다. 부모부터가 자신이 실수했다는 것을 알면서도 모르는 척 우긴다. 즉, 방어하는 말을 한다. 이를 본 아이들은 잘못을 인정하는 것이 아니라 방어하는 말을 할 수밖에 없다. 당연한 일이다.

학교에서는 아이들이 폭력적인 언행을 했을 때 반성문을 쓰게 한다. 스스로 자신의 잘못된 행동을 돌아보게 하려는 의도이다. 하지만 아이들 입장에서는 반성문이 자신을 돌아보는 데에는 그다지 효과가 없는 듯하다. 대부분의 아이들이 단지 교사의 지시에 따르지 않으면 문제가 더 커질지 모른다는 불안감 때문에 그저 한시라도 빨리 그 상황에서 벗어나고 싶은 마음 때문에 반성문을 쓴다. 그러나 반성문을 쓰는 아이들은 '내가 잘못하지도 않았는데.' 하며 자신의 잘못을 억지로 인지해야 한다는 생각에 거부감을 느낀다. 이러한 생각 속에서 반성 없이 그저 몇 장씩이나 되는 반성문을 써내려가지만 마음으로는 방어벽을 치게 된다.

사실 자기 잘못이나 실수를 인정하지 않고 스스로를 방어하기에 급급한 건 어른들도 마찬가지이다. 아내가 "당신은 왜 맨날 늦어요!" 하면 남편은 "내가 언제 그랬어!" 하고 받아친다. 그러면 아내는 다시 "어제도 늦었고 오늘도 늦었잖아요!"라고 더 큰 공격을 가

한다. 이처럼 내가 한 말과 행동을 인정하지 못하고 방어만 하다 보면 나의 실수를 사과해야 하는 타이밍을 놓쳐버린다. 제대로 된 사과가 오가지 못하면 소통이 불가능해지고, 이는 결국 더 큰 갈등으로 간다.

관계는 상호적인 것이기에 누군가가 나를 비난한다면 내 잘못을 돌아보고 인정하는 자세가 필요하다. 아내가 "당신은 왜 맨날 늦어요!" 했을 때 남편이 "내가 늦었지." 한다면 상대의 공격을 피할 수 있다. 문제는 방어하는 습관을 고치는 데에는 많은 노력이 필요하다는 점이다. 중요한 것은 인정하는 습관을 기르는 것이다. 실수할 때마다 "아차! 내가 실수했네." 하고 인정하는 것을 게을리하지 않는 것만이 인정하지 않는 습관을 고칠 수 있는 길이다.

만약 다예가 "왜 아까 내 다리 쳤어!"라고 말했을 때, 경민이가 "아까 네 다리를 친 거 미안해." 하고 인정한다면 어땠을까? 굳이 따로 사과를 할 일 자체가 생기지 않는다.

어느 초등학교에서 전교생을 대상으로 했던 '감정조율 & 관계조율'이라는 프로그램에서 방어하는 말보다 인정하는 말을 중심으로 역할극을 진행한 적이 있다. 그러자 이전까지는 인정하는 방법을 몰라 작은 일을 큰 갈등으로 만들던 아이들이 교육을 받은 이후로는 갈등이 생길 때면 웃으며 "인정해! 인정해!"라고 외쳤다. 그렇게 다 같이 문제를 풀어가는 교실 분위기를 만들게 되었다. 프로그램이 끝난 뒤, 교사들 역시 "아이들이 자신의 말과 행동을 인정하니 소통할 수 있게 되었다."라며 기뻐했다.

아이는 부모의 언행을 그대로 배운다. 부모가 자신이 내뱉은 말이나 행동을 부정하며 방어하기에만 급급해한다면 아이 역시 이를 고스란히 배운다. 만약 아이가 스마트폰에 빠져 살기를 바라지 않는다면, 그 부모는 스마트폰에 빠져 있는 모습을 아이에게 보여 주면 안 된다. 아이의 행동을 문제 삼기 전에 부모가 먼저 자신의 태도를 살펴보아야 한다. 부모도 얼마든지 실수할 수 있다. 중요한 건 실수를 인정할 줄 아는 자세를 보여 주어야 한다. 아이가 "엄마는 왜 맨날 스마트폰만 보는데?"라고 한다면, "엄마가 언제?!"라고 할 것이 아니라 "응, 엄마가 방금 스마트폰으로 유튜브를 봤어." 하고 인정해야 한다.

부모가 먼저 자기 잘못을 인정함으로써 아이에게도 인정하는 법을 가르칠 수 있다. 예를 들어 아이가 "엄마 왜 소리쳐요?"라고 말할 때 "내가 언제?"라고 자신을 방어하기보다는 "내가 지금 소리를 쳤구나." 하고 잘못을 인정해 보자. 방어하는 말 속에는 자신의 심상이 드러난다. 다른 사람은 배려하지 못하고 자신만 옳다고 여기는 마음이다.

옆 페이지는 방어의 말을 인정하는 말로 바꾸는 예이다. 가정에서 아이들과 역할극을 해 본 후 방어의 말과 인정의 말, 그리고 인정 후 해명하는 말에 따른 감정을 이야기해 보자.

상황 : 지나가다가 의자에 앉아 있던 친구와 부딪쳤을 때

〈방어의 말〉

다예 : 야, 왜 때려! (공격하는 말)

경민 : 내가 언제? (방어하는 말)

다예 : 방금 네가 쳤잖아! (또 공격하는 말)

경민 : 아니거든. (또 방어하는 말)

〈인정의 말〉

다예 : 야, 왜 때려! (공격하는 말)

경민 : 어, 내가 좀 부딪혔지! (인정하는 말) 미안해. 내가 학원 시간이 급해서 빨리 가려다 그랬어. (해명)

다예 : 괜찮아. 그럴 수도 있지. (이해하는 말)

경민 : 이해해 줘서 고마워! (감사하는 말)

부모의
긍정적인 말투는
내 아이 자존감을 성장시킨다

01

내 아이의
관계에
적신호가 뜬다면

'엄마 아빠, 사는 게 너무 힘들어서 저 먼저 가요.'

어느 날 아이의 책상에서 이런 유서를 발견한다면 어떨까? 그야말로 상상조차 하고 싶지 않은 끔찍한 일이다. 하지만 더 끔찍한 사실은 실제로 요즘 초등학생들 사이에서 이런 일이 상상에만 머물지 않는다는 사실이다. 뭐든지 잘해야 한다는 부담감과 잘 해낼 수 없다는 좌절감이 결국 분노로 표출되어 아이가 스스로를 해치게 된다. 위 말은 실제로 10년 전 초등학교 4학년이었던 한 아이가 남기고 간 마지막 유서다.

어느 날, 4학년 담임 선생님이 내게 그림 한 장을 내밀었다. 그림을 건넨 선생님은 그날 방학 동안 교사연수를 통해 새롭게 접했던 미술치료에 대한 호기심으로 반 아이들에게 학교 생활화를 그리게 했다. 그러다 한 아이의 그림을 보고 깜짝 놀랐다. 도마 위에 커다란 칼과 토막 난 팔다리가 놓여 있는 피가 낭자한 그림이었다. 선생님은 섬뜩한 그 그림을 어떻게 해야 좋을지 몰라 한참을 고민하다가 나를 찾아왔던 것이다. 나는 그림의 주인인 종호와 마주 앉아 이런 그림을 그린 이유가 무엇인지 조심스럽게 물었다. 그러자 종호는 작은 목소리로 "저를 무시하는 친구들이 너무 미워서 그 친구들을 죽이고 싶은 마음을 그린 거예요."라고 대답했다.

종호처럼 친구들과 극심한 갈등을 겪는 아이의 뒤에는 자신에게 스트레스를 주거나 자신을 무시하고 억압하는 누군가가 존재하기 마련이다. 아니나 다를까 종호는 부모의 과도한 기대로 인해 늘 학업 스트레스에 시달렸고, 하루하루 감시와 통제를 받으며 살아가고 있었다. 그래서인지 경제적으로 풍족한 환경에서 필요한 모든 지원을 받고 있었음에도 종호의 얼굴에는 늘 깊은 그늘이 드리워져 있었다.

초등학교 4학년이면 아직 부모에 대한 심리적 의존성이 높을 나이다. 이런 시기의 아이에게 부모의 비뚤어진 사랑은 감당할 수 없을 만큼, 아이가 자기도 모르게 죽음을 떠올릴 만큼 고통스러운 일이다. 종호는 친구들과 놀 틈도 없이 날마다 학원을 뱅글뱅글 돌아야 했고, 학교나 학원에서 하는 평가시험 기간이면 밤을 새우며 공부해야 했다. 이미 최상위권의 성적이었지만 종호의 부모는 아이가 단 한 문제만 틀려도 이를 용납하지 않았다. 부모에게 저항하지 못하는 종호는 신경이 극도로 예민해질 수밖에 없었고, 학교에서 친구가 무심히 던진 사소한 말 한마디도 칼날에 가슴이 파이는 듯한 고통을 느끼게 되었다.

종호처럼 정신적인 스트레스에 장기간 시달려온 아이는 원만한 친구 관계를 형성하는데 어려움을 겪는다. 종호는 초등학교에 입학한 이후로 자주 다툼을 일으켜 여러 차례 교사로부터 우려의 말을 들었지만 종호의 부모는 아이의 심리나 정서적인 면은 돌보지 않고 학습에만 치중했다. 그렇게 오랜 시간이 흐르며 종호의 마음은 마치 자신이 그린 그림처럼 조각나 피를 흘리고 있었다.

나는 종호의 말을 차분히 들어주며 괴로운 마음을 모두 쏟아낼 수 있도록 위로하고 다독여주었다. 그동안 누구에게도 속 시원히 마음을 털어놓지 못했던 종호는 자신의 힘든 상황에 귀 기울여주고 공감해 주자 조금은 표정이 밝아지는 듯했다. 그러나 종호 부모의 태도는 여전히 달라지지 않았다.

부모들은 내 아이가 공부 머리가 있고 영리한 편에 속한다고 생각되면 그 능력을 키워줘야만 한다는 생각에 빠지며 더욱 과한 기대를 하게 된다. 심지어 내 아이의 장래를 부모가 책임져야 한다는 생각으로 부모 또한 힘겨운 삶을 살아간다. 여기서 경제적인 여건까지 풍족할 경우, 아이를 위한 부모의 교육열은 아무도 못 말리는 지경에 이른다. 즉 부모의 돈이 많아 불쌍한 아이가 되는 상황이 펼쳐진다. 분명한 것은 이와 같은 부모의 과잉 기대는 자녀의 인생뿐만이 아니라 부모 자신의 인생에도 결코 행복을 가져다주지 못한다는 사실이다.

> "우리 아이는 5학년인데도 툭하면 눈물을 흘려요. 그래서 학교에서도 다들 '울보'라고 부른대요. 도대체 왜 그렇게 우는지 모르겠어요."

어느 날 주원이 어머니가 상담실을 찾아와 하소연을 했다. 주원이는 툭하면 "나도 몰라요! 그냥 자꾸만 눈물이 나요!" 하면서 자신이 우는 이유를 설명하지 못하고 눈물만 흘렸다. 나는 주원이 어머니에게 그럴 때 어떤 반응을 보이는지 물었다. 그랬더니 울음을 받아주면 버릇이 나빠질까 봐 "남자가 왜 그리 징징대니!"라고 매번 호통을 쳤단다. 주원이는 속상한 상황에서 '엄마, 내 마음 좀 알아줘……'라는 신호로 눈물을 보인 것인데 그 마음을 위로해 주기는커녕 그 신호마저 묵살해 버린 셈이다.

일반적으로 아이들이 눈물을 흘린다는 것은 내 마음을 좀 알아달라는 신호이다. 주원이도 그랬다. 하지만 주원이의 부모는 아이의 마음을 알아주지 않았다. 주원이는 그 답답함을 풀 길이 없어 감정을 조절하는데 어려움을 겪게 되었고, 결국 아무도 알아주지 않고 믿어주지 않는 억울함이 겹겹이 쌓여 말 못할 심정을 신체가 먼저 알아차리고 눈물을 내보내게 되었다. 결국 주원이는 자신도 왜 눈물이 나는지를 모르는 아이가 되어버렸다.

대부분 아이의 이런 행동은 부모가 아이에게 관심을 보이지 않고 방임하는 태도로 일관하거나 반대로 시키는 대로 따르기만을 강요하며 억압하는 태도를 보일 때 나타난다. 주원이가 학교에서 툭하면 울음을 터뜨린 것은 평소에 부모와의 관계에서 비롯된 적신호였던 셈이다. 이럴 때 부모가 아이의 적신호를 감지하고 아이와 소통할 수 있는 방법을 모색해야만 아이의 적신호가 모든 관계로 번지는 것을 막을 수 있다. 이를 위해 가장 우선적으로 행해져야 할 일은 부모의 잣대로 아이의 행동을 판단하거나 마음을 억누르는 것이 아니라, 아이가 자신의 억울한 마음을 편안하게 꺼내놓을 수 있도록 인내심을 가지고 따뜻하게 아이의 말을 들어주는 것이다.

주원이 어머니는 부모교육을 받았고 이를 통해 주원이 편이 되어 마음을 헤아려주고 이야기를 들어주기 시작했다. 이전처럼 엄마의 잣대로 '아이가 우는 것은 버릇없다'라는 생각을 버리고, 주원이가 우는 행동을 나무라지 않으며 기다려 주었다. 그렇게 울음 대신 말로 자신의 감정을 표현할 수 있도록 다독여주자 언제 그랬냐는 듯 주원이의 시도 때도 없이 흐르는 눈물은 조절되기 시작했다. 그리고 더 시간이 흐르면서 주원이는 교실에서도 문제가 생겼을 때 울음보다 대화로 먼저 자신의 주장을 표현하는 아이가 될 수 있었다.

지속적으로 억눌러온 감정들은 언젠가는 자신도 모르게 부정적인 방식으로 터져 나오기 마련이다. 오래전 지독한 시집살이에 시달리던 며느리들이 수시로 불쑥불쑥 울화가 치밀어 오르는 '화병'에 걸리듯이 말이다. 많은 아이들이 부모와 친구 관계에서 보이는 적신호도 이 화병과 별반 다르지 않다.

아이들에게서 이러한 적신호가 나타나는 방식은 매우 다양하다. 학교에 가기 싫다며 침대에서 일어나지 않는 아이, 매사에 짜증을 내며 다른 사람과 엄마를 귀찮게 하는 아이, 기운이 없고 잘 웃지 않는 아이, 친구와 자주 다투거나 아예 입을 다물어버리는 아이, 지레짐작으로 혼자 눈치 보느라 놀이에 끼지 못하며 다른 아이들이 끼워주지 않는다고 징징대는 아이, 결정적인 순간마다 눈치를 보다가 억울함을 호소하고 핑계를 대며 남 탓을 하는 아이, 집에서 학습이나 숙제를 하는데 집중하지 못하는 아이 등 아주 다양한 형태로 아이들은 적신호를 나타낸다. 그렇다면 이런 행동들은 모두 어디서 비롯되었을까?

가장 먼저 살펴보아야 할 부분은 '부모가 자녀를 어떻게 대하는가?' 하는 부분이다. 부모와 자녀 관계에서 소통이 원만한지, 일방적인 말로 훈육하고 있는 것은 아닌지, 강압적인 태도로 억압하고 있지는 않은지, 바쁘다는 핑계로 아이 말을 무시하고 방임하고 있는 것은 아닌지, 학습량이 너무 많아 쉴 틈 없이 아이를 학원에 보내고 있는 것은 아닌지, 너무 큰소리로 아이를 야단치지는 않는지,

감시와 통제로 체벌하고 있는 것은 아닌지, 형제간에 편애하고 있는 것은 아닌지, 부부의 다툼으로 아이 앞에서 서로를 비난하고 있는 것은 아닌지 등 다양한 부분에서 문제점들을 살펴봐야 한다. 즉 아이의 생활에 적신호가 뜬다는 것은 그 원인이 가족 안에 있다는 의미이다.

아이와 부모의 관계는 학교생활에서 친구 관계, 나아가 사회생활에서의 인간 관계로 연결된다. 아이가 울음을 터뜨리는 것은 억울함이 쌓여서 할 말이 많다는 뜻이고 거짓말을 하거나 남의 물건을 훔치는 것은 사랑을 훔치는 것과 같은 의미이다. 아이의 문제 행동에는 반드시 이유가 있다. 그러나 부모가 이유를 알려고 하지 않고 문제를 일으키는 행동에만 관심을 가지며 부정적으로 반응한다면 이는 곧 아이의 행동에 적신호로 나타난다. 이때 가장 빠른 문제 해결 방법은 부모의 잘못된 양육방식을 인정하는 일이다. 내 아이의 문제 행동에 올바르게 대처해 관계를 회복하려면 먼저 아이의 문제 행동을 받아들여야 한다. 하지만 많은 부모들이 내 아이의 문제가 부모로부터 비롯됨을 인정하지 못하고 '친구 탓' 혹은 '교사 탓'으로 돌리기 바쁘다. 문제를 똑바로 직시하면 충분히 해결할 수 있는 일을 불필요한 감정 소모로 시간만 버리는 경우가 많다.

'호미로 막을 것을 가래로 막는다'라는 속담이 있다. 평소 부모가 아이의 마음을 알아주고 아이의 말을 경청하며 서로의 생각을 자유

롭게 표현하는 관계에서 일어나는 문제는 가래가 아닌 호미만으로
도 거뜬히 막을 수 있다. 작은 문제 행동을 아이의 입장에서 긍정적
으로 받아주는 지혜로운 부모의 태도가 바탕될 때, 아이는 이 세상
을 살아볼 만한 가치가 있다고 여기며 행복한 세상을 꿈꾸며 앞으
로 나아가게 된다.

02
부부의 말,
자녀가
지켜본다

"선생님, 우리 엄마 아빠 때문에 속상해 죽겠어요."

상담을 하다 보면 초등학교에 막 입학한 1학년부터 졸업을 앞둔 6학년 아이까지 가리지 않고 자주 듣게 되는 말이다. 아이들이 겪는 대부분의 문제는 결국 부모의 문제인 경우가 많다. 그중에서도 부부 관계에서 원활하지 못한 소통이 가장 큰 비중을 차지한다.

몇 년 전, 나는 아이들의 문제를 좀 더 깊이 있게 들여다보기 위해 전문가를 위한 부부 관계 워크숍에 참여했다. 전국에서 모인 전문가들이 부부 대화법을 배우며 고개를 끄덕이며 감정을 나누는 대화법에 신기해하던 것이 기억난다. 하지만 어쩐 일인지 시간이 흐를수록 우리 부부를 비롯한 워크숍 참가자들은 조금씩 입을 닫기 시작했다. 다름 아닌 우리의 입에서 나오는 말 때문이었다. 긍정적인 대화법이 무엇인지 머리로는 이해하면서도 입으로는 말을 통제할 수가 없었다. 참가자들은 깨닫게 된 것이다. 부부가 일상에서 아무렇지 않게 하는 말의 대부분이 서로 하지 말아야 할 비난이었다는 사실을 말이다. 워크숍 강사들은 참여자들이 하는 말에 "그 말도 비난입니다." 혹은 "중립적인 표현을 써보세요."라며 잘못을 일깨워주었다. 그렇다면 중립적인 표현이란 무엇일까?

중립적 표현이란 어느 한쪽으로 치우치지 않고 공정하게 표현하는 것을 뜻한다. 이기고 지는 대화가 아닌 중립적인 표현을 사용하면 상대방의 감정을 상하게 하지 않고도 의견을 전달할 수 있다. 즉 원활한 소통을 하는데 큰 도움이 되는 것이다. 하지만 베이비붐 세대와 X세대(1960년대와 1970년대 베이비붐 세대 이후에 태어난 세대)는 여전히 가부장 중심의 전통적인 사고방식이 남아 있어 이 부분이 쉽지 않다. 이들의 자녀들은 바쁜 부모들 대신 여러 형제들과 상호작용하면서 정보교환 및 감정을 주고받았다. 부정적인 감정들 역시 그 안에서 해소되었다.

하지만 Y세대와 Z세대는 다르다. 적은 출산으로 한두 명의 형제를 가진 세대들은 사람과의 상호작용보다 컴퓨터를 활용하여 정보를 교환하고 감정을 해소시킨다. 그러다 보니 양육을 하며 아이들과도 어떻게 소통을 해야 하는지 매우 어려워한다. 자녀의 사회성을 위해 부모교육이 꼭 필요한 세대다.

우리나라의 가족 중심 문화에서는 부부뿐만 아니라 자녀까지도 서로 종속된 관계로 인식하는 경향이 있어 중립적인 대화를 나누기가 어렵다. 이런 사고방식은 결혼생활에서 많은 다툼을 일으킨다. 살다 보면 서운하거나 기분 나쁜 일도 생기기 마련인데 그때마다 남편은 남편의 감정대로 아내는 아내의 감정대로만 말을 하면 '나를 생각해서 하는 말이구나.'라고 받아들이기보다는 비난한다고 느끼게 된다. 그리고 이는 아이의 경우도 마찬가지이다.

우리는 오랫동안 "참는 것이 미덕이다."라고 배워왔다. 그래서 자기감정을 표현하는 것 자체를 나쁘다고 인식하거나 부당한 대우를 받아도 이를 악물고 참아야 한다고 믿었다. 하지만 감정 표현을 억제하며 살다 보면 마음의 병이 깊어져 화병에 걸린다는 사실을 알게 된 지금은 오히려 자신의 감정이나 생각을 건강하게 표현하고 스트레스를 적절히 해소해야 한다는 인식이 자리 잡아가고 있다. 그러나 가정에서의 대화를 잘 살펴보면 여전히 '참는 미덕'이 강조되던 시대의 부모 관계에서 들었던 말들이 사용되고 있다는 걸 알 수 있다.

가족끼리 나누던 대화는 학교에서 아이들이 나누는 대화 속에 그대로 반영된다. 부모 중 한 사람이 부당한 상황에서 말 못하고 참는 것을 보고 자란 아이들은 억울한 일이 생길 때 "참아야 해!" 하고 감정을 억누르다가 분노조절장애를 일으키기도 한다.

보통 부부들은 대화를 나누면서 주어를 1인칭이 아닌 2인칭으로 시작하는 경우가 많다. 상대의 행동을 지적할 때 "당신!", "너!"라는 말로 시작한다. 주어를 2인칭으로 시작할 경우 아무리 상대를 위하는 말이라고 해도 비난으로 들리기가 쉽다. 그런 말투 속에는 가족 구성원들을 개개인이 아닌 가족 체계 안의 부속품으로 여기는 시각이 담겨 있다. 그래서 모든 문제를 개인적인 것으로 보지 못하고 가족과 결부시켜 판단하게 된다.

가족 안에 존재하는 부부 관계, 부모·자녀 관계, 형제·자매 관계에서 가장 중요한 것은 개개인을 한 개체로 존중하는 것이다. 가정에서 서로 존중하는 문화를 경험하지 못한 아이들은 밖에서 다른 관계를 맺을 때 어려움을 겪게 된다. 학교에서 친구를 자신과 다른 개체로 인지하지 못하고 자기 마음대로 좌지우지하려 한다. 또한 다른 사람이 나와 다를 수 있다는 차이를 배우지 못했기 때문에 친구들과 잦은 갈등을 일으킨다. 그러니 자연스럽게 학교생활이 힘들어진다.

어느 날 부모교육을 마치고 집으로 돌아와 쉬고 있는데 한 어머니께서 조심스레 연락을 주셨다. 5세 여자아이인 소영이의 어머니였다. 그녀는 아이가 유치원에 적응하지 못하는 것이 남부끄러워 주변에 말도 못하고 있다고 했다. 아이를 상담하려면 부모도 함께 상담에 참여해야 한다는 내 원칙에 따라 아버지도 같이 방문하시기를 권했다. 그러자 흔쾌히 약속에 임했다. 나는 소영이 가족과 보드게임을 하며 가족 역동을 탐색했다. 그렇게 자연스럽게 소영이와 친해진 뒤에 편안하게 질문을 했다.

"소영아, 유치원에 가면 어때?"

"무서워요!"

"뭐가 무서워?"

"아이들이 뛰는 거요."

"아, 그래서 유치원에서 다칠까 봐 선생님 뒤만 졸졸 따라다닌 거야?"

소영이는 마지막 질문에 크게 고개를 끄덕였다. 그러자 대화를 듣고 있던 소영이의 아버지가 두 손으로 얼굴을 감싸 쥐었다. 알고 보니 소영이가 문제 행동을 일으킨 까닭은 평소 아버지의 말 때문이었다. 아버지는 사랑스러운 딸이 다칠까 봐 하루에도 몇 번씩 집에서 "뛰지 마라! 다친다!"라고 말했다. 소영이는 아버지의 그런 말을 듣고 세상을 무섭고 안전하지 않은 곳으로 인식하게 되었다. 그래서 유치원에서 아이들이 뛰는 것을 보고 자신을 보호하기 위해 선생님 옷을 잡고 따라다녔다. 단 2시간 만에 아이의 문제가 부모의 말과 행동에서 비롯된다는 것을 깨닫게 해준 사례이다.

부모에게는 아이의 나이와 감정 상태를 살펴 잘 알아들을 수 있는 말을 구사하는 능력이 필요하다. 소영이 아버지는 엄지공주 같은 딸이 다칠까 봐 한 말이었지만 아이는 아버지의 말을 제대로 이해하지 못한 것처럼 말이다. 나는 아버지에게 좀 더 소영이가 이해하기 쉬운 대화법을 제안했다.

"아빠(1인칭)는 소영이(2인칭)가 뛰면(상황) 다칠까 봐 걱정돼(아빠의 감정)!"

아이의 행동에만 초점을 맞추는 것이 아니라 부모로서의 감정을 친절하게 풀어 설명해 주면 오해가 생기는 것을 방지할 수 있다. 또한 이것은 자녀와의 대화에서 뿐만 아니라 부부 관계나 형제자매 관계에서도 원활한 대화를 나누는데 매우 효과적인 방법이다.

사실 소영이 부모님들은 아이의 문제를 해결하기 위해 7개월 전부터 문제의 원인을 찾으려고 전문가들을 찾아다녔다고 고백했다. 두 분의 얘기에 나는 먼저 부부 관계에 혹시 문제가 있지는 않은지를 물었다. 많은 부모들이 부부 사이의 문제를 숨긴 채 아이의 문제만을 해결하려 하기 때문이다. 다행히도 소영이 어머니는 "가끔 다투기는 해도 큰 문제는 없어요."라고 솔직하게 답을 해주었다.

소영이는 5살이라고 보기 어려울 정도로 한글을 완벽하게 읽어내는 영리한 아이였다. 그러나 웬일인지 유치원에서는 친구들과 어울리지 않고 선생님 옷자락만 잡고 졸졸 따라다녔다. 처음에는 선생님들도 적응기간이어서 그러려니 하고 받아주었지만 하반기가 되어도 소영이의 행동은 달라지지 않았다.

결국 유치원에서 더 이상 소영이를 돌봐줄 수가 없다는 통보를 받은 어머니는 똑똑하고 사랑스러운 딸이 첫 교육기관인 유치원에 적응하지 못한다는 말에 세상을 원망했다. 도저히 믿을 수가 없었다. 청천벽력 같은 얘기에 얼마나 마음이 찢어졌을까? 하지만 유치원 선생님의 입장을 생각해 보자. 소영이나 소영이 부모님 입장에서는 안타까운 일이지만 선생님들 역시 여러 아이를 돌봐야 하기에 한 아이에게만 집중할 수는 없었다.

아이들은 평소 부부가 나누는 대화를 그대로 보고 몸에 익힌다. 따라서 부부의 대화법을 점검하는 것은 매우 중요하다. 늦게 들어온 남편에게 "왜 맨날 늦게 오는 거야?"라고 다그치는 아내의 말에는 남편에 대한 불안과 걱정이 담겨 있다. 하지만 이 말을 비난으로만 받아들인다면 "뭐가 맨날 이라는 거야?"라고 반박하면서 더 큰 다툼으로 번지게 된다. 만약 "나는(1인칭) 당신이 늦게 들어오면(상황) 사고라도 났나 하는 마음이 들어 불안해요(아내의 감정)"라고 말한다면 어떨까? 이렇게 표현한다면 듣는 사람이 비난으로 듣지 않도록 말하는 것이 된다. 말하는 방식이 중요한 이유다.

부부가 서로의 마음이 슬픈지 기쁜지를 표현하고 헤아리면 아이 또한 부모의 감정이 어떤지 알고 이해할 수 있다. 가정에서 부부 대화법이 중요한 이유는 부부의 대화가 가정의 행복을 좌우할 뿐만 아니라 아이의 여러 인간관계에도 큰 영향을 미치기 때문이다. 부부가 서로 배려하며 중립적 표현을 통해 긍정적인 대화를 나누는 모습은 자녀에게 관계에 대한 믿음을 심어준다. 이기고 지는 말이 아닌 소통하는 기쁨을 느낀 아이들은 부모를 존경하며 따르게 된다.

03
—
화해 의식이
필요하다

초등학교 4학년 교실에서 일어난 일이다. 수업을 마친 뒤 청소 검사를 하던 담임교사의 눈에 깨알 같은 글씨가 적힌 포스트잇 한 장이 발견됐다. 바닥에 떨어진 포스트잇을 무심코 주워든 순간 담임교사의 얼굴은 붉으락푸르락하며 일그러졌다. 그 포스트잇에는 교사에 대한 차마 입에 담을 수 없는 욕설들이 가득 쓰여 있었다. 그런 일을 벌인 아이는 평소 짓궂은 장난이 잦은 수혁이었다. 그날은 조용히 넘어가나 했더니 알록달록한 포스트잇에 담임교사에 대한 부정적인 감정들을 적어 친구들과 돌려본 모양이었다. 담임교사는 어이없는 상황을 어떻게 해야 할지 몰라 난감해하다가 당시 학교상담사로 근무하던 내게 찾아왔다. 철저히 비밀에 부쳐지길 바랐던 그 포스트잇은 그렇게 심각한 문제가 되어 내 손 위에 놓이게 되었다.

일을 접수받은 나는 아이를 상담하려면 부모와 함께해야 한다는 내 원칙에 따라 다른 경우와 마찬가지로 수혁이의 어머님을 모셨다. 하지만 수혁이의 문제 행동과 학교생활에 대한 전반적인 내용들을 모두 듣고 난 어머님의 반응에 나는 말문이 막히고 말았다.

"우리 수혁이는 늦둥이라 집에서 애교도 많고 엄마 말도 잘 듣는 아이예요. 왜 담임 선생님이 우리 애를 미워하는지 모르겠어요."

이런 반응과 마주하는 건 그리 낯선 일이 아니다. 아이의 문제 행동을 전해 들었을 때 많은 부모들이 쉽게 현실을 받아들이지 못한다. 하지만 증거를 본 뒤에도 수혁이 어머니는 '내 아들은 그런 아들이 아니다'라는 억울함을 강력히 호소했고, 강경한 태도에 나 역시 더 이상 아무것도 할 수가 없었다. 결국 안타깝게도 이 일은 담임교사의 짓눌리는 교직 생활을 위로하는 것으로 씁쓸하게 덮고 지나가게 되었다. 그리고 2년이라는 시간이 흘렀다.

6학년이 된 수혁이의 어머니가 가쁜 숨을 몰아쉬며 상담실로 찾아왔다. 어머니는 쓰러질 듯 후들거리는 다리로 간신히 의자에 몸을 맡기고는 울먹이며 말씀하셨다.

"도대체 어디서부터 뭐가 잘못된 건지 모르겠어요, 선생님."

어머니는 얼마 전부터 수혁이가 학원에 간다며 집을 나선 후 학원에 가지 않고 친구들과 놀다 들어오는 것 같은 느낌을 받았다고 했다. 그래서 그날은 학원 마치는 시각에 전화를 걸어 "지금 오고 있어?" 하고 물었다고 한다. 그러자 "응, 엄마 조금만 놀다가 갈게."라고 하기에 "지금 어디야?"라고 물었더니 "○○초등학교 운동장인데 형들과 놀고 있어요."라는 대답이 돌아왔다.

직감적으로 이상하다는 생각이 든 수혁이 어머니는 부랴부랴 아들이 놀고 있다는 초등학교로 향했다. 그리고 어두컴컴한 운동장에 들어서자마자 그 자리에 얼어붙고 말았다. 저 멀리 놀이터 구석에서 검지와 중지 사이에 담배를 끼워 입으로 가져가는 한 아이가 눈에 들어왔다. 그 아이는 바로 착하고 애교 많고 엄마 말을 잘 듣는, 사랑스러운 자신의 아들 수혁이었다. 담뱃불에 비친 아들의 얼굴을 확인하는 순간 어머니는 숨이 멎을 듯 자리에 주저앉고 말았다.

누구든 인정하고 싶지 않은 상황이나 인정할 수밖에 없는 상황과 마주치게 되면 혼란스러움을 느낀다. 부모 입장에서는 아무리 인정하고 싶지 않더라도 15명 이상이 생활하는 교실에서 일어나는 내 아이의 말과 행동은 부모가 아는 것과 다를 수 있다는 것을 인지해야 한다. 내 아이가 학교에서 항상 칭찬받기를 기대하는 모든 부모의 바람과는 달리 때로는 담임교사로부터 아이의 부적응 행동에 대해 전화를 받게 되는 경우가 있다. 부모라면 그런 소식에 당황하기 마련이고 그 사실을 받아들이기도 쉽지 않다. 어떤 부모는 전화를 받은 순간 어떻게 해야 할지 몰라 "선생님은 우리 아이만 미워하는 것 같아요."라고 응대한다. 늘 내 아이를 이해해 주기를 바랐던 교사에 대한 서운한 감정이 순간적으로 튀어나오기도 한다. 물론 아이의 행동을 감싸거나 합리화하려는 마음은 인간이 가진 본능일지도 모른다. 하지만 진정 내 아이를 위하는 옳은 길은 그런 감정에 사로잡혀 방어하기에 급급하기보다 문제를 제대로 인정하는 일이다. 그래야만 해결 방안을 모색하는데 주력할 수 있기 때문이다.

내 아이가 문제 행동을 일으켰다면 먼저 누구와 갈등이 일어난 것인지 파악해야 한다. 그다음 그 일이 시작된 원인을 찾아 갈등을 조정한 뒤 반드시 화해 의식을 하는 것이 중요하다. 그렇게 해야만 갈등이 다시 반복되는 걸 방지할 수 있기 때문이다.

4학년 때 수혁이의 행동에는 분명히 이유가 있었다. 하지만 그때 수혁이는 어떤 이유가 있더라도 잘못된 방식으로 표출하는 건 옳지 않다는 것을 배우지 못했다. 수혁이의 어머니가 아이의 잘못을 인정하지 않았기 때문이다. 만일 그때 수혁이가 담임 선생님께 찾아가 머리 숙여 용서를 구하는, 화해 의식을 했다면 어땠을까? 분명 6학년이 되어 이런 행동을 반복하는 일은 막을 수 있었을지도 모른다.

물론 사과의 말을 먼저 건네며 화해 의식을 하는 일은 쉽지 않다. 나는 학교상담을 통해 대부분의 아이들이 따돌림의 가해자와 피해자 간의 갈등 조정 후 화해의 악수를 나누는 걸 매우 어려워함을 알 수 있었다. 그리고 부모가 다투는 모습만을 보고 화해하는 모습을 보지 못한 아이들일수록 더 어려워한다는 사실도 한참 후 알게 되었다. 즉 내 아이가 진실한 마음으로 사과할 줄 알고 화해할 줄 알며 잘 살아가기를 바란다면, 부모가 먼저 아이들에게 사과하고 화해하는 의식을 보여 줘야 한다. 특히 부부 관계에서 다툼이 있을 때 화해하는 모습을 보여 주지 않고 은근슬쩍 넘어간다면 아이도 그 모습을 그대로 따라 하게 된다. 때문에 아이에게 실수했을 때도 실수를 인정하는 말과 사과의 말, 그리고 화해를 청하는 의식을 하는 것이 중요하다.

몇 년 전, 대안학교 학생회 회장 졸업 후 사회복지학과에 진학한 영우에게서 전화가 왔다. 사실 영우는 학교폭력 피해자였다. 기숙사에서 선배에게 두 시간 동안 괴롭힘을 당했다. 동급생인 찬우는 영우가 당하는 것을 보고도 모른 척했다. 이 일로 학교 측에서 학교폭력위원회를 열었고 영우는 치유를 위해 나에게 왔다. 처음에 영우는 가해를 한 선배보다 모른 척한 찬우가 더 밉다고 했다. 그리고 선배를 쳐다보는 것조차 힘들다고도 했다. 특히 진심 어린 사과는 하지 않고 그 자리를 모면하기 위한 사과를 하는 것 같아 더 힘들다고 호소했다. 당시 나는 어떻게든 영우의 마음을 어루만져주고 영우가 이 세상을 믿을 수 있도록 이끌어야만 했다. 그때 내가 영우에게 제안한 것은 그 선배가 진정성 없는 사과를 하더라도 진정성 있게 받아들여 보자는 것이었다. 가해자인 선배보다 영우의 마음이 더 중요했기 때문이다. 그래서 영우는 가해자가 내미는 손을 뿌리치지 않았다. 오히려 손을 맞잡고 선배를 끌어안았다. 그렇게 자신을 치유하는 방법을 선택했다. 학교폭력위원들(교장, 학부모, 변호사 등)이 모인 자리에서 자신을 가해한 선배를 용서하는 영우의 화해 의식은 이들로부터 박수갈채를 받았다. 무엇보다 놀라웠던 것은 영우를 괴롭힌 선배가 영우가 건넨 화해 의식에 진심으로 눈물 흘리며 사과를 했다는 사실이다. 나는 영우에게 이런 태도는 결코 아무나 할 수 없는 행동임을 알려주며 극찬했다.

때로는 몇 마디의 말보다 의식이 더 진정성 있게 전달되기도 한다. 사람은 감정적으로 불편한 상황에서 무슨 말을 해야 할지 잘 모른다. 그 상황에서 섣불리 말을 하게 되면 의도치 않은 폭풍을 몰고 오기도 한다. 화해를 할 때도 그저 말로만 "내 잘못이야. 미안해!"라고 한다면 상대의 마음을 30%밖에 열 수 없다. 영우를 괴롭힌 선배의 태도가 그랬다. 그래서 영우는 진심 어린 사과를 원했다. 그래서 영우는 내 제안을 받아들이고 말이 아닌 의식을 택했다. 가해자인 선배의 손을 잡고 포옹한 것이다. 영우의 몸짓을 통한 화해 의식은 70%에 달하는 마음을 전달할 수 있었고, 결과적으로 가해자까지 변화시켜 진심이 담긴 눈물과 사과를 받을 수 있었다. 사과의 마음은 말만으로는 제대로 전달되지 못한다. 그러므로 몸짓으로 표현하는 화해 의식을 경험해 보면 갈등의 찌꺼기까지 해소시켜 주는 놀라운 힘을 발견하게 된다.

누군가로부터 용서받고자 하는 사람은 90도로 머리를 숙여 배꼽 인사를 해야 한다. 그리고 이러한 태도를 받은 사람도 똑같이 답례를 해주어야 한다. 진심이 담긴 사과를 받아들인다는 표현의 의식을 해야 된다. 갈등이라는 것 자체가 서로에게 영향력을 주고받으며 일어난 결과이기 때문이다. 결코 한쪽만의 태도로 끝나서는 안 된다. 화해 의식이 제대로 이뤄지지 않을 경우 한쪽에서는 사과를 받지 않았다고 생각하거나 화해하지 않았다는 오해를 낳을 수도 있다. 따라서 갈등 조정을 위해 서로 노력한 것들을 더욱 공고히 하기 위해서라도 말보다 행동을 의식으로 나타내는 것이 매우 중요하다. 그러나 무엇보다 중요한 것은 가정에서 이런 화해 의식을 자연스럽게 가르쳐주는 일이다. 부부 관계, 부모와 자녀 관계, 형제자매 관계에서 갈등을 겪으면 사과의 말을 건네는 화해 의식 속에서 자란 아이들은 용서와 화해를 하는 힘을 키울 수 있다.

04

부모의 말에
아이의 자존감이
결정된다

또래상담자(같은 또래의 학생들이 다른 학생들에게 상담적 도움을 주는 활동)활동을 하는 소희(6학년)가 어느 날인가부터 방과 후 상담실에 자주 들르기 시작했다. 시키지도 않은 청소까지 하는 소희를 보며 나는 뭔가 할 이야기가 있음을 알 수 있었다.

"소희야 선생님께 무슨 할 말이라도 있니?"

"네? 아, 저어……."

잠시 망설이던 소희는 이내 입을 열었다.

"선생님 저 집에 가기가 싫어요. 집에 가면 모든 식구들이 남동생

만 예뻐하고 저는 아무도 관심을 주지 않아요. 할머니 할아버지
도요.”

“소희야 집에서 무슨 일 있었니?”

“사실 며칠 전 학교 마치고 식탁 위에 망고가 하나 있기에 먹고 있었
어요. 그런데 엄마가 큰소리로 '야! 이거 누가 먹으라고 했니?!'라며
야단을 치셨는데…….”

소희는 말을 끝맺지 못하고 주르르 눈물을 흘렸다. 엄마가 평소
남동생을 더 좋아한다는 것은 알았지만 먹는 것조차 맘대로 먹지
못하게 하는 엄마의 모습에 큰 상처를 받았다. 소희는 “엄마는 내
엄마가 아니고 나도 이 집 딸이 아닌 것 같아 밤새 잠도 못 자고 학
교에 왔어요. 집에 가기 싫어요.”라며 울었다. 부모의 태도로 인해
소희의 자존감이 바닥으로 떨어지게 되었다.

학교 상담실에서 근무하며 알게 된, 아이들이 부모에게서 가장
많이 받는 스트레스는 부모님의 불공평한 사랑이었다. “부모님이
동생만 예뻐해요!” “언니만 예뻐해요!” 혹은 “형만 예뻐해요!”라며
아이들은 마음을 토로하곤 했다. 그다음으로 많이 받는 스트레스가
학업에 대한 스트레스와 부모 간의 잦은 다툼으로 인한 불안에서
오는 스트레스였다.

나는 불공평한 사랑으로 스트레스를 받는 아이들에게 “엄마가
동생만 좋아하는 게 느껴지면 어떻게 하니?”라고 물었다. 그러자

아이들은 "그냥 참아요!" 하고 말하기도 했지만 어떤 아이들은 "동생한테 복수해요!"라고 말하기도 했다.

일반적으로 부모들은 형제자매를 공평하게 사랑한다고 생각한다. '열 손가락 깨물어 안 아픈 손가락 없다'는 말처럼 아이 모두를 사랑한다고 생각하는 경우가 대부분이다. 하지만 막상 아이들의 말을 들어보면 그렇지 않다. 학교 상담실에서 마지막 학기가 끝날 즈음, 나는 1년 동안 해온 상담내용을 분류해 보았다. 그러자 3년 동안 1위를 한 내용은 역시나 형제자매 간의 갈등이었다.

'남존여비'라는 말이 있다. 남성의 권리나 지위 등을 여성보다 우위에 두어 존중하고 여성을 천시하는 사상 및 태도를 뜻하는 말이다. 하지만 지금의 우존열비는 우등생의 권리나 지위는 귀하고 열등생은 천한 것으로 드러나는 게 현실이다. 공부를 잘하는 아이는 부모로부터 관심을 한몸에 받는다. 반면에 공부를 못하는 아이들은 부모에게 비난을 받으며 자란다. 후자인 아이들의 경우 결코 행복한 삶을 살지 못한다. 일반적으로 부모에게 듣는 비난(비판)은 시험성적의 꼬리표로 아이에게 붙게 된다. 부모의 태도는 "너는 그것밖에 못하니, 어휴!" "공부고 뭐고 다 집어치워라."와 같은 말부터 아이가 어쩌다 쉬고 싶고 놀고 싶은 마음에 좋아하는 그림이라도 그리면 "쓸데없는 짓 좀 그만해라."라는 말로 아이의 자존감을 바닥까지 뭉개버린다.

공부를 못해 속상한 마음은 부모보다 아이가 더 크다. 하지만 부모의 과잉기대로 아이에게 던져진 부정적인 말은 아이의 몸속, 혈액 내에서 코티솔(스트레스호르몬)을 생산하여 그 수치가 높아지게 만든다. 미국 텍사스대학교 신경학과의 수다 세샤드리(Sudha Seshadri) 등의 연구팀에 의하면 코티솔 수치가 높으면 정보처리를 하지 못한다. 즉 현재 존재하거나 저장된 정보를 조작하거나 혹은 새로운 정보를 창조하는 능력을 발휘하지 못하게 된다는 말이다. 이는 곧 낮은 자존감은 문제해결능력을 가지지 못하게 만든다는 이야기가 된다. 문제해결능력은 자존감으로 이루어지기 때문이다.

자존감은 훌륭하게 일을 잘 해냈을 때 허세를 부리지 않고 자신이 노력한 것(과정)이 결과를 가져왔다는 것을 알고 새로운 것에 도전하는 태도를 가지게 한다. 그리고 이 자존감은 행복한 아이들일수록 높다. 반대로 기대와 사랑을 받지 못하는 아이는 늘 스트레스 상태이기에 자존감이 낮다. 스트레스란 적응하기 어려운 환경에 처할 때 느끼는 심리적·신체적 긴장 상태를 말한다. 즉 감정적으로 불편한(부정적 감정이 드는) 상태에서 문제 행동을 유발하는 원인이 되는 셈이다.

부정적 감정은 신체적 정신적 에너지를 소모한다. 심장은 피만 펌프질하는 것이 아니다. 정신생리학적으로 일어나는 몸의 기능들은 심장 활동을 중심으로 일어난다. 스트레스로 인한 부정적 감정(화, 좌절감, 불안 등)은 불규칙한 심장리듬패턴을 그린다. 그리고 이리듬은 우리 몸에서 많은 에너지를 낭비하고 문제 행동을 하도록 만든다. 반면에 긍정적인 감정(사랑, 친절, 감사 등)은 심장리듬을 규칙적으로 그린다. 우리 몸과 마음을 편안하게 조율해 효율적으로 기능하도록 해준다. 우리는 누군가로부터 갑자기 놀라게 되면 "어휴, 간 떨어지겠다."라고 하거나 공포영화를 보면 "심장이 쪼그라든다."라고 말한다. 이 말은 곧 감정이 신체에 영향을 미친다는 뜻이다.

부정적인 감정은 심장리듬이 불규칙적이게 되었다는 말이다. 그렇다면 이런 불규칙한 심장리듬을 가장 빠르게 변화시킬 수 있는 방법은 무엇일까? 그건 바로 부모의 긍정적인 말이다. 아이에게 비난의 독화살을 쏘지 않고 긍정적인 말을 해주는 것이 아이의 자존감을 높이는 비결이다. 부모에게 차별받고 비난받으며 자란 아이들은 열등감 때문에 뭐든 일단 우기고 보거나 공격적인 태도를 보인다. 그리고 또한 자신의 삶을 회피하는 삶을 택하기도 한다.

어느 부모나 내 아이가 편안한 몸과 마음으로 자신이 가진 능력을 최대한 발휘하기를 바란다. 하지만 스트레스 상태에 있는 아이들은 불안에 휩싸여 자신이 뭘 해야 하는지를 모르고 살아가게 된다. 그러므로 내 아이가 가진 능력을 더 크게 키워주기 위해서는 부모의 긍정적인 말이 절대적으로 필요하다. 그만큼 아이에게 중요한 영향을 미치기 때문이다.

연구에 따르면 스트레스는 뇌 자체를 쪼그라들게 만든다고 한다. 스트레스 관리가 매우 중요한 이유다. 가장 단순하면서도 효과적인 스트레스 관리법은 깊고 고르게 호흡하기다. 119 소방관들이 위급한 환자가 불안한 정서를 나타내면 "호흡하세요."라고 말하는 것도 같은 이치다. 호흡법도 길게 숨을 들이마시고 천천히 내쉬는 방법이다. 짜증이 나거나 화가 나는 불안한 상태에서 잠깐이라도 호흡법을 하면 안정을 찾을 수 있기 때문이다. 나는 아이들에게 등교시 교실에 들어가기 전에 반드시 호흡을 하라고 교육한다. 교실 생활에서 예기치 못한 상황으로부터 나를 조절할 수 있기 때문이다. 부모님들에게도 마찬가지로 직장을 마치고 집 현관문을 열기 전에 호흡을 3번 정도 하고 현관 키를 누르라고 교육한다. 호흡으로 내 몸과 마음이 조율되면 집안의 좋지 못한 상황을 보더라도 큰 소리로 아이들을 야단치지 않을 수 있기 때문이다. 부모의 말 한마디에 따라 아이의 자존감은 극과 극을 달릴 수 있다는 사실을, 그리고 그렇게 형성된 자존감이 문제해결능력의 원천이 된다는 사실을 잊어선 안 된다.

05
아이의 인생을 바꾸는 부모의 긍정 시각

해령(고1, 여)이는 엄마가 자신을 믿지 못한다는 이유로 자퇴 선언을 했다. 해령이의 부모님은 자퇴만은 안 된다고 불호령을 내렸지만 해령이는 등교하면 수업시간에 잠만 자게 된다며, 학교는 자신의 미술세계를 방해하는 시간낭비일 뿐이라고 주장하였다. 그러나 사실 문제는 다른 데에 있었다.

해령이 엄마는 어린 시절 부모의 잦은 다툼으로 불안 속에 성장했고, 그러다 보니 남편의 늦은 귀가나 해령이의 모든 행동들을 믿지 못했다. 해령이가 자퇴를 하고 싶어하는 진짜 이유는 엄마가 자신을 믿어주지 않는다는 것이었다. 부모의 부정적인 말과 시각이 해령이의 자퇴로 이어지게 만들었다.

우리는 긍정이라는 말을 참 좋아한다. 그래서 '긍정적으로 사고하라', '긍정적으로 행동하라'라는 말도 쉽게 한다. 때로는 자기 자신을 긍정적인 사람이라고 착각하고 다른 사람에게 긍정적인 사람이 되라고 조언을 하기도 한다. 그런 말 속에는 이미 상대를 부정적인 사람이라고 보는 시각이 존재한다는 걸 까맣게 모른 채.

아이를 야단치거나 훈육할 때도 마찬가지다. 부모가 어떤 시각으로 바라보는지에 따라 아이의 삶은 긍정적인 삶과 부정적인 삶으로 나눠진다. 때문에 부모는 자신이 입은 옷이 긍정의 옷인지 부정의 옷인지를 먼저 인지해야 한다. 칭찬을 들어본 경험이 부족한 사람은 부정의 옷을 입고 살아간다. 그들에게는 자녀에게 칭찬의 말을 건네는 것이 생업만큼이나 어려운 일이다. 어린 시절부터 칭찬에 대한 경험이 몸과 마음에 저장되어 있지 않기 때문에 자녀를 칭찬하고 싶어도 그 마음을 표현하는 것이 잘 안 된다.

칭찬은 가정에서 부모가 자녀에게 해주어야 할 가장 우선적인 일이다. 나는 부모들을 대상으로 칭찬활동을 하기로 마음먹고 이를 부모교육에서 실시하는 시간을 가졌다. 먼저 열 명이 한 팀이 되어 둥글게 서서 한 사람에게 아홉 명 모두가 칭찬을 해주라고 했다. 칭찬을 하려면 그전에 상대를 긍정적으로 관찰하기 위한 노력이 필요하다. 나는 혹시라도 관찰하면서 부정적인 면을 보더라도 빨리 긍정적인 면을 발견하는 쪽으로 생각을 전환하라고 했다. 그렇다. 이

활동의 목적은 '내 시각을 긍정적으로 만들기'를 훈련하는 일이었다. 이러한 노력을 통해 시각이 바뀐 부모들은 칭찬을 주고받음으로써 칭찬을 하는 사람이나 받는 사람에게나 함께 기쁨을 느낄 수 있다는 것을 몸소 체험하게 되었다.

이후 나는 이 활동을 아이들과도 함께 진행해 보았다. 서로의 칭찬이 교실을 행복하게 만든다는 것을 보여 주기 위해서였다. 하지만 아쉽게도 아이들의 반응은 부모들과는 달랐다. 부모들이 최선을 다해서 상대를 칭찬하기 위해 정신을 바짝 차리고 활동에 임했다면, 아이들은 '친구가 듣기에 기분 좋은 말'을 해야 한다는 요청에도 불구하고 자기 눈에 비친 친구의 단점을 아무렇게나 툭툭 던지기 일쑤였다. "ㅇㅇ이는 돼지같이 살쪘어!", "ㅇㅇ는 키가 작아!"라는 표현을 스스럼없이 하는 아이들을 보고 안타까운 마음이 들었다. 아이들은 친구가 그 말을 듣고 상처받는다는 사실을 모르는 것 같았다. 이 또한 그 아이들의 부모가 어떤 시각으로 아이를 재단하고 평가했는지가 고스란히 드러나는 결과다.

활동이 끝난 뒤, 나는 부모님들에게 칭찬의 말을 듣고 말해본 소감에 대해 물었다. 그러자 "칭찬받으니 어색하고 오글거려요!" "자존감이 높아진 걸 느껴요." "내가 생각보다 괜찮은 사람이라는 걸 알았어요!" "나도 몰랐던 면에 칭찬을 받으니 노력해야겠다는 의지가 생겨요." "요즘 무기력하고 자존감이 떨어져서 우울했는데 칭찬을 듣고 나니 나를 찾은 기분이 들어요." 등 많은 대답이 쏟아져 나왔다. 과정은 달랐지만 아이들 역시 결과에 대해서는 비슷한 감상이 나왔다. "칭찬을 받으니 기분이 좋아요!" "내가 가진 장점이 아닌 것 같은데 잘한다고 하니까 더 잘할 수 있을 것 같아요." "칭찬받으니 친구하고 더 잘 지내고 싶어요."라고 대답했다. 이러한 결과는 부모와 아이 모두 칭찬을 통해 자신을 인식한다는 사실을 잘 보여주는 사례다.

근본적으로 사람의 뇌 구조는 사물을 부정적인 관점에서 해석하게 되어 있다. 이렇게 부정적인 시각 자체가 뇌에서 일어나는 활동이기 때문에 세상을 보는 긍정적인 시각을 키우는 것이 매우 중요하다. 그러므로 부모의 시각이 긍정적이어야만 아이에게 칭찬을 할 수 있다. 즉 긍정적인 아이로 키우는 것은 부모의 긍정적인 시각이 있어야만 가능하다.

"선생님, 전 정말 죽고 싶어요."

어느 날 6학년인 성연이가 상담실을 찾아와 심각하게 고민을 털어놓았다.

"무슨 일 있었니?"
"부모님이 이혼하셨는데 엄마가 사이비 종교에 빠졌어요!"

자신이 어찌할 수 없는 혼란스러운 상황에서 성연이의 마음이 얼마나 답답하고 괴로웠을까? 나는 성연이를 위로하고 다독이며 한 가지 숙제를 내주었다.

"다음 상담 시간까지 네가 가진 장점 50가지를 적어오는 거야. 힘 들더라도 한번 해 보렴. 할 수 있겠니?"
"선생님, 전 잘하는 게 하나도 없는데요!"

그렇게 자신 없이 돌아서던 표정과 달리 일주일 후 성연이는 노트에 자신의 장점 50가지를 빼곡히 적어서 가져왔다. 나는 상담시간에 아이가 써온 장점을 모두 읽어주었고, 또 다른 숙제를 내주었다.

"이번에는 엄마의 장점 50가지를 찾아보자."
"엄마한테는 좋은 점이 하나도 없는데요!"
"그럼 네가 할 수 있는 만큼만 해봐."

일주일 후 이번에도 성연이는 엄마의 장점 50가지를 모두 채워서 가져왔다. 그러고는 조금 부끄러운 듯 입가에 미소를 지으며 말했다.

"엄마한테는 좋은 점이 하나도 없는 줄 알았는데 찾아보니 많더라고요."

자신을 돌봐주지 않는 엄마로 인해 죽고 싶을 만큼 힘들었던 성연이는 자신과 엄마의 장점을 하나하나 적어가며 엄마와의 관계를 회복했다. 엄마에 대해 부정적인 시각만을 갖고 있던 성연이는 엄마의 장점을 찾기 위해 노력하면서 긍정적인 시각으로 엄마를 볼 수 있게 바뀌게 되었다. 상담을 하면서 조금씩 밝아지는 성연이의 표정을 볼 수 있었던, 참 뿌듯한 경험이었다.

이 사례에서 알 수 있듯이 부정적인 시각은 노력을 통해 얼마든지 긍정적인 시각으로 변화시킬 수 있다. 늘 자신의 시각으로 자녀를 비난하고 야단치는 행동을 고치고 싶다면 본인의 장점을 하루 5개씩 찾아 100일 동안 적어보길 추천한다. 또 사이가 좋지 않은 시어머니나 남편 등 다른 사람의 장점을 찾아 적어보는 것도 긍정적인 시각을 키울 수 있는 효과적인 방법이다. 그러다 보면 어느새 '아, 이 사람도 좋은 점이 많구나!', '내가 잘못 보았구나!' 하는 것을 깨달을 수 있다.

부모는 내 아이에게 자꾸만 현재가 아닌 미래에서 살기를 강요하게 된다. 성공적인 미래를 펼쳐줘야 한다는 책임감과 자신이 성취하지 못한 삶을 자녀에게 누리게 해주고 싶다는 욕망 때문이다. 부모는 미래를 위해서라면 당장 힘든 것은 감내해야 한다고 생각한다. 하지만 현재의 삶을 돌보지 못하는 부모의 모습은 아이를 혼란스럽게 만든다. 아이들은 자신의 마음을 모르는 상태로 부모의 힘에 끌려다니다 보니 자기 존재의 본질, 즉 정체성을 깨닫지 못하는 경우가 생각보다 많다.

에릭슨(Erickson)의 발달이론에 따르면 아이는 청소년기(12세~18세)에 부모와의 관계를 통해서 정체감을 형성하게 된다. '나는 누구인가'에 대해 자각해 나가면서 자신만의 틀 안에서 부모의 기대를 받아들이며 자아 정체감을 형성하게 된다. 하지만 부모의 과도한 기대 속에서, 쏟아지는 부모의 부정적인 말들을 듣게 되면 아이는 정체감을 형성하는데 혼란을 겪으며 큰 위기를 맞는다.

현재의 행복을 등한시하면서 미래의 행복을 강조하는 부모의 양육태도는 아이를 절벽으로 밀어내는 것과 다르지 않다. 그러므로 자녀의 진정한 행복을 위해서는 부모가 먼저 자신의 삶에서 긍정적인 시각으로 세상을 바라보고, 자신이 세상을 향해 던지는 말 한마디 한마디가 자녀에게 얼마나 큰 영향을 미치는지를 깨달아야 한다. 긍정적인 말로 아이에게 긍정의 옷을 입혀주는 것이야말로 부모가 줄 수 있는 가장 큰 선물이라는 사실을 알아야 한다.

06

아이들의
행동에 대한
수용선과 금지선

민석이(초등, 4년)는 수업시간에 볼펜으로 자신의 허벅지를 찌르거나 티셔츠에 구멍을 뚫는 등의 행동을 하다가 담임 선생님께 발각되어 상담실을 찾아오게 되었다. 선생님께 뭔가 불안한 상황이라는 것이 들켰음에도 민석이는 자신이 누구로부터 스트레스를 받는 상황인지에 대해서는 입을 꾹 다물고 말하지 않으려 했다. 나중에 알고 보니 아이는 아빠에 대한 스트레스 때문에 일어난 감정들을 스스로를 다치게 하는 행동으로 표출하고 있었다.

아이가 자랄수록 학습은 스스로 할 수 있도록 하는 것이 좋다. 하지만 우리나라 교육문화에서는 아이들이 스스로 할 수 있는 학습에는 한계가 있기에 다른 사람의 도움을 받으며 학습을 하는 경우가 많다. 간혹 아이들을 만나다 보면 부모로부터 학습을 지도받는 아이들이 있다. 그리고 이 아이들의 내면을 보면 부모에 대한 부정적인 감정이 가득함을 알 수 있다. 부모의 앞에서 표현하지 못한, 걱정스러울 만큼이나 가슴 가득 채워져 있는 그 부정적인 감정들을 보자면 언제 터질지 모르는 폭탄을 보는 듯한 느낌이 든다.

부모가 직접 자녀에게 학습을 지도하다 보면 이성적으로 대하기보다는 감정이 먼저 앞서게 된다. 그래서 "바보야, 이것도 모르냐?"라며 아이를 무시하고 인격적으로 비난하는 경우가 비일비재하다. 그러나 이렇게 부모가 자신의 기대치만큼 따라오지 못하는 아이를 보고 답답함에 가슴을 치며 하는 말들이 아이에게는 분노를 가지게 만든다. 아이의 마음을 망가뜨린다. 선행학습이나 과도한 과제는 아이들이 힘들어하기 마련이다. 그러나 부모들은 답답한 마음에 이성을 잃고 자신의 말 한마디가 자녀의 가슴에 얼마나 깊게 파고들어 상처를 주고, 또 그 상처가 얼마나 심각하게 곪게 되는지를 모른다. 단언컨대, 이러한 말들은 아이의 자존감을 구덩이 속으로 넣어버리는 결과로 돌아오게 된다. 부모 입장에서야 자신보다 더 잘 챙겨주고 가르쳐주는 선생님이 없는 것 같아 직접 가르치는 것이겠지만 아이들의 성적이 오르는 것과는 별개로 관계에서는 최악의 상황을 부르게 되는 지름길이 되고 만다.

부모가 아이에게 줄 것을 안 주는 것도 학대지만 너무 많이 주는 것도 학대이다. 아이가 원하는 만큼을 주는 것이 맞음에도 불구하고 부모는 자신의 가치관에 따라 아이에게 기대하고 원하는 만큼을 주는 것이 도리라고 착각한다. 그러나 이것은 부모의 일방적인 생각이다. 아이가 원하는 것 이상을 강제적으로 주입하는 부모의 '주는 행위'는 오히려 아이들에게 많은 문제가 발생하게 만드는 원인이 된다.

아이들은 처음에는 잘하려고 노력한다. 하지만 노력해도 잘 되지 않는 많은 과제들과 수준에 맞지 않게 주어지는 학습을 통해 받게 되는 비난으로 인해 아이들은 자신이 무능력하다는 죄책감을 갖게 된다. 그렇게 스스로를 인식하게 된 아이들은 '내가 못나서 그런 거야.'라고 생각하며 스스로를 자해한다.

민석이도 그랬다. 민석이가 영리하다고 생각한 아버지는 민석이에게 중학생 교과 과정의 수학을 직접 가르쳤다고 한다. 선행학습을 겨우 따라가는 정도의 이해력을 가진 민석이를 보며, 민석이 아버지는 아이를 이해하기보다는 답답한 마음에 "바보같이 이것도 못하냐!" "숙제 안 하면 죽을 줄 알아라!"라는 식의 협박 아닌 협박을 했다. 민석이는 아버지의 기세에 눌려 힘들다는 말은 한마디도 못하고 자신의 옷과 신체를 해하는 행동을 무의식중에 하게 되었다. 자신의 상황을 아무에게도 말할 수 없었던 민석이는 담임의 눈에 띄어 다행히도 자신의 부정적인 감정을 털어놓을 수 있었다.

부모는 아이들에게 자신의 행동에 대해 책임을 지는 경계를 확실하게 세워줄 필요가 있다. 집을 지을 때 담이나 울타리로 경계를 지어 함부로 다른 사람들이 못 들어오게 하는 것처럼, 부모와 아이 사이에도 담이나 울타리 같은 경계가 필요하다. 그 경계는 부모에게도 해가 되지 않고 아이에게도 해가 되지 않는 경계를 말한다. 예를 들면 민석이 아버지의 일방적인 과도한 학습 요구는 아버지가 민석이의 경계를 침범하고 무너뜨린 것이다. 부모로서 민석이의 경계를 세워주기 위해서는 우선 아이를 존중하는 상태에서 이야기를 통해 타협하고 양보하는 것이 행해져야 한다. 민석이가 할 수 있는 만큼의 학습량으로 민석이가 조절할 수 있도록 하는 것이 아이의 경계를 세워주는 일이다. 그리고 여기에는 아이에게 책임감이 따른다. 함께 세운 양에 책임을 다하지 못할 때는 여기에 따른 제재도 아이가 감수할 수밖에 없다. 그러나 함께 타협하고 양보하며 세운 것이 아니라 부모의 일방적인 요구로 인해 세워진 양은 아이의 입장에서 책임을 지고자 하는 생각이 들지 않는다. 때문에 이런 상황이 계속되면 아이는 부모와 등을 지거나 조금 더 지나 몸이 성장하게 되면 부모에게 맞서게 되는 원인이 된다.

많은 부모들이 강제적인 학습으로 아이의 경계를 침범하고, 인격적으로 무시하거나 비난하는 행위를 하는 것이 얼마나 큰 부메랑이 되어 돌아오는 줄을 모르고 살아간다. 내 자녀를 무시하고 비난하는 태도는 아이에게나 부모에게나 해가 될 뿐이라는 사실을 알아야 한다. 이런 행동은 서로의 경계가 허물어진 것, 즉 금지선을 밟았다는 의미이기 때문이다. 부모가 아이들의 금지선을 밟는 것은 자연스럽게 자녀들이 부모의 금지선을 밟게 만든다. 그뿐만 아니라 아이가 성장하면서 다른 사람의 말을 가로막고 침범하거나 더 나아가 다른 사람의 신체를 침범하고 때로는 스스로를 해하는 행동을 하게 만든다. 그래서 아이와 부모가 가져야 하는 행동의 분명한 경계선은 '나와 남에게 해가 되는 행동은 하면 안 된다'는 것이다. 반대로 얘기하자면 '나와 남에게 해가 되지 않는 행동은 얼마든지 해도 된다'는 얘기다.

자녀가 학습과제를 수행하지 못하는 경우 자녀의 입장과 부모의 입장이 있다. 예를 들어 자녀가 학습과제를 하지 않으려고 하는 경우, 부모는 먼저 아이에게 "이 학습과제를 못 하면 너에게 어떤 해가 될까?"라고 물어보고 이후 "엄마는 네가 이 학습과제를 못하는 건 이러이러한 해가 된다."라는 것을 표현해 준다.

아이 : 학교수업을 따라가지 못하면 엄마에게 혼나요.

엄마 : 나는 네가 이 학습과제를 못하면 앞으로도 감시하고 잔소리할까 봐 걱정된다.

결론은 두 사람 모두에게 해가 되니 학습은 꼭 해야 한다는 것을 상호작용을 통해 양보하고 타협해야 한다. 아이는 위와 같은 대화를 통해 놀고 싶은 마음도 있지만 학습은 꼭 해야 한다는 사실을 알게 된다. 여기서 주의할 점은 바로 '금지선과 수용선의 경계를 잘 지켜야 한다는 것', 한 사람에게라도 해가 되면 그 행동은 금지선이다. 해서는 안 된다. 반대로 두 사람에게 해가 되지 않는다면 그 행동은 수용선이다. 말 그대로 무엇이든 해도 된다. 이러한 행동에 대한 수용선과 금지선은 아이들의 인성교육에 기초선이 되어 스스로할 수 있는 일과 해서는 안 되는 일을 잘 분간하는 성인으로 자라게해준다.

행복한 부모의 삶을 본
아이들은 자신의 인생을
스스로 설계한다

01

양파껍질
속의
가족 모습

어느 날, 민재(4학년) 할머니로부터 다급하게 전화가 왔다. "민재가 지금 교문 밖에서 친구들에게 괴롭힘을 당하는데 빨리 좀 가봐 주세요!"라는 내용이었다. 전화를 끊은 나는 학교 지킴이 선생님과 함께 교문 밖으로 뛰쳐나갔다. 그런데 민재는 다른 친구들과 아무 일 없는 듯 걸어가고 있었다. 민재에게 "할머니가 다급하게 전화를 하셨는데, 무슨 일 있어?"라고 물으니 "아니요."라는 것이 아닌가? 나중에 알고 보니 민재는 솜사탕을 사서 친구들과 나눠 먹으려고 했는데 돈이 없어 할머니에게 전화를 했다. 그런데 할머니는 손자가 다른 친구에게 괴롭힘을 당한다고 생각을 한 것이다.

이 일이 있은 후, 나는 민재의 학급 생활이 궁금해져 담임에게 민재의 학교생활에 대해 이것저것 물었다. 그러자 담임은 "민재보다 민재의 할머니 할아버지를 이해할 수 없다."고 말했다. 담임교사는 민재의 할머니 할아버지로부터 "민재가 학급에서 괴롭힘을 당하는데 담임이 잘 돌봐주지 않는다."며, 지속적인 원망을 듣고 있다고 오히려 내게 하소연을 했다.

민재의 할머니는 민재 부모가 이혼을 한 뒤부터 민재를 도맡아 키우기 시작했다. 이혼한 부모를 두게 된 민재를 보며, 아픈 마음으로 혹여나 손자가 작은 상처라도 입을까 봐 온 힘을 다해 키웠다. 하지만 민재는 할머니에게 부모의 이혼으로 인한 허전한 마음을 위로받고자 했다. 그러다 보니 학교에서 친구랑 조금만 부딪쳐도 할머니에게는 '친구에게 맞았다'고 말을 하고 작은 다툼도 할머니에게는 싸웠다고 말했다. 그리고 할머니는 손자가 하는 말을 글자 그대로 받아들이신 것이다. 할머니는 민재의 말만 믿고 담임 선생님, 상담 선생님, 그리고 교장 선생님까지 손자를 돌봐주지 않는 한통속이라 여기며 교장실에 들러 한바탕 큰소리로 억울함이 아닌 억울함을 토로하고 가셨다.

세상은 빠르게 변화하고 그에 따라 가족의 모습도 다양해져 간다. 하지만 부모의 이혼에 대해서는 여전히 합리적이지 못한 사고를 보이는 것이 우리나라의 통념이다. 그러다 보니 이혼한 부모를 가진 아이들은 친구들에게 놀림감이 될까 봐 전전긍긍하기도 한다.

특히 부모가 이혼을 했을 때 엄마에게 따라붙는 치명적인 꼬리표가 있다. 그것은 "쟤, 엄마 바람났대!" 혹은 "쟤네 엄마, 돈을 많이 써서 도망갔대!"라는 아이의 심장을 얼어버리게 하는 말들이다. 자신을 태어나게 한 부모의 존재가 부정적인 시선으로 낙인찍히게 되면 그 아이들은 세상의 모든 사람들을 믿지 못하게 된다.

　가족의 일원이 이혼하는 것은 누구에게나 속상한 일이다. 당사자인 부부는 물론이고 그들의 부모, 그 부부의 아이까지 모두 아프다. 그러나 조부모들의 경우 손자를 사랑하는 마음과 며느리나 사위에 대한 원망 때문에 아이에게 해서는 안 되는 말들을 거리낌 없이 하기도 한다. 민재의 조부모님도 그랬다. 아들의 이혼으로 홀로 남겨진 손자를 보며 불쌍한 마음에 생각 없이 민재 어머니에 대해 부정적인 말들을 한 것이다. 문제는 이런 말을 들을 때마다 민재는 자신의 존재를 부정하다 못해 자괴감(스스로 앓아 무너져 버리는 마음)을 가지게 되었고 결국 피해의식 속에서 헤어 나오지 못하게 되었다.

　이혼한 가정의 아이들을 만날 때면 아이들이 뭔가 보이지 않는 말들 때문에 힘들어하는 것을 느낄 수가 있다. 그리고 대부분 이 말의 정체는 부모의 이혼은 두 사람의 문제임에도 불구하고 모든 문제의 원인을 엄마(여자) 탓을 하는 경향이 담긴 말들이다. 가령 시골에 가면 '옆집 아들이 이혼을 했는데 며느리가 바람이 나서.' 혹은 '며느리가 돈을 빚져서.'라는 말을 종종 들을 수 있다. 그리고 상담을 통해 이 말의 출처를 쫓아보면 그 진원지가 밝혀진다. 조부모 또는 아이 아버지의 형제들이 그 진원지이다.

민재 역시 엄마에 대한 부정적인 말을 "할머니가 말했어요." "고모가 말했어요."라고 조심스럽게 말했다. 민재의 그 모습에 나는 가슴이 무너져 내리는 것 같았다. 가장 가까운 사람들로부터 자신을 낳아준 엄마가 세상에서 가장 몹쓸 사람이라는 말을 들을 때, 이 아이들의 마음이 어떨지 알고나 이야기한 것일까? 주변 어른들의 그릇된 말들로 인해 아이의 마음속에는 엄마에 대한 그리움과 더불어 원망까지 쑥쑥 자라게 되는 결과가 오게 된다는 것을 알고 이야기하는 걸까?

일반적으로 이혼한 가정의 자녀를 만나면 어른으로서 따뜻한 말을 한마디 해줘야 한다고 여긴다. 하지만 아이들 입장에서는 그 어떤 말도 달갑지 않다. 불편하기만 할 뿐이다. 부모가 이혼한 것에 아이가 불쌍하다는 투의 따뜻한 말은 차가운 비수가 되어 아이를 더 힘들게 만든다.

아이를 그냥 그 아이 자체로 봐줄 수 있는 시각이 필요하다. 나는 상담을 통해 민재에게 '엄마에 대한 부정적인 말은 할머니와 고모가 너무 속상해서 한 말'이라는 사실을 인지시키고 엄마와 아빠가 잘살면 좋겠지만 부모가 선택한 삶에 대한 이해를 도와주었다. 그리고 부모의 이혼으로 자신의 삶이 망가지지 않도록 자신을 관리하는 방법들에 대해 같이 이야기를 나눴다. 이후로 민재는 가끔씩 상담실을 들러 자신의 존재를 인정해 주는 나로부터 존재를 확인받으면서 조금씩 표정이 달라지기 시작했다.

'부부가 싸우고 산다면 이혼하는 것이 낫다'는 말이 있다. 나 역시 그렇게 생각하는 사람 중 한 사람이었다. 하지만 한국에서는 '이혼자'로 살아가는 것이 쉽지 않은 일이다. 무엇보다 부모의 이혼을 겪은 아이들은 더욱 힘들다. 과거에는 부부가 이혼하는 이유를 일반적으로 '성격 차이'로 보았다면 이제는 '소통의 부재'를 가장 큰 원인으로 본다. 부부를 상담하다 보면 각자의 방에서 휴대폰 문자로 "밥 드세요!" "일어나세요!"라고 하는 것으로 소통하는 부부들이 있다. 이들은 아이가 몰랐으면 하는 마음에 그랬다며, 아이들은 모른다고 말한다. 하지만 정말 몰랐을까? 내가 그들에게 "아이들도 감각이 있는 존재입니다. 바보가 아니에요!"라고 말해주면 부모들은 더 이상 아무 말도 하지 못한다. 아이들은 다 알고 있다. 다만 부모가 먼저 말을 안 하니 아이들도 모른 척할 뿐이다. 어떤 부모는 중간에 아이를 끼워 부부간에 소통을 하기도 한다. 생각해 보자. 제대로 된 대화조차 나누지 못하는 부부 사이에서 소통의 도구로 자라게 되는 아이들의 마음은 과연 어떨까?

부부 사이에서 소통이 불통으로 되는 이유는 자신의 태도를 배우자로부터 듣게 될 때 인정하고 싶지 않기 때문이다. 간단히 말해 자신을 지키고자 최대한 방어를 하는 것이다. 아래는 그런 대화의 예시다.

A)

아내 : 당신은 맨날 늦게 오면서 전화도 안 하고 말이야⋯⋯. (비난)

남편 : (소리치며) 내가 언제? (방어)

B)

남편 : 사람이 왔으면 아는 척 좀 해 보지 그래. (비난)

아내 : 내가 노는 줄 알아요? (방어)

이러한 대화는 각자가 가진 스트레스로 인해 본인도 모르게 튀어나오는 말이다. 그러나 이런 대화가 쌓여 부부관계에서 틈이 생기는 원인이 된다. 만약 다음과 같이 대화를 한다면 어떨까?

아내 : 당신은 맨날 늦게 오면서 전화도 안 하고 말이야⋯⋯. (비난)

남편 : 그러게(인정), 내가 오늘 바빠서 전화하는 것을 깜빡 잊었어.
　　　　(해명)

남편이 짜증을 내며 "사람이 왔으면 아는 척 좀 해 보지 그래."라고 하더라도 아내가 정겹게 "오셨군요, 반겨주지 않았네요. 내가 오늘 정신이 좀 없어요."라는 말로 인정, 해명을 한다면 가정의 분위기는 화기애애해질 수 있다. 싸움을 하려고 해도 할 수 없는 비법은 상대의 비난 섞인 말에 자신의 태도를 먼저 인정하는 것이기 때문이다. 우리가 살다 보면 본의 아니게 누군가로부터 비난을 받는 경우가 많다. 비난을 받는다는 것은 상대가 그렇게 느끼기 때문이다. 그러므로 조금만 이를 인정하고 제대로 해명하는 소통법을 사용한다면 부부관계는 물론이고 부모자녀 관계, 친구 관계까지 원만하게 이루어질 수 있다.

모든 부모는 아이들 앞에서는 싸우는 모습보다 행복하게 사는 모습을 보여 주려고 노력한다. 특히나 "싸우면 안 돼."라는 당위적 말을 들으며 자란 부모들은 싸움보다 참는 방법을 선택하고 또 이를 자녀에게도 강요한다. 하지만 참는 것 역시 분노의 표현이라는 것을 잊어서는 안 된다. 싸움보다 참는 것이 미덕이라는 문화는 이제 답이 될 수 없다. 변화가 필요한 시점이 온 것이다. 앞으로는 분노를 자연스럽게 표현하는 방법을 자녀들에게 가르쳐 주어야 한다. 우리 아이들은 사회 안에서 살아가기 위해 자신의 감정과 생각을 표현할 수 있어야 하기 때문이다. 그리고 이러한 교육은 가족 안에서 어린 시절 놀이를 통한 상호작용으로 자연스럽게 이루어져야 한다. 하지만 부모의 갈등을 자신의 탓으로 여기는 아이들은 사회적으로 무능력한 사람이 되기 쉽다. 부모로부터 다양한 감정을 주고받으며 사회에서 사는 법을 제대로 보고 배우지 못했기 때문이다.

과거와 달리 지금은 싸움을 잘하는 부부가 행복한 부부라고 말한다. 소통의 부재로 인해 싸움조차 시원하게 하지 못한다고 하소연하는 부부들이 많기 때문이다. 싸움을 잘한다는 것은 배우자의 말을 잘 듣고 내가 하고자 하는 말을 상대가 잘 듣도록 부드럽게 다가가는 것이다. 예를 들어 앞에서 남편이 늦게 들어오면 "늦게 오게 되면(상황) 무슨 일이 있나 걱정돼요(감정), 미리 전화라도 해주면 내가 편안하게 당신을 기다릴 수 있을 것 같아요(요청)."라는 순서로 말을 하면 남편은 '아내가 나를 많이 걱정했구나!'라는 생각으로 다음에 늦을 일이 있으면 미리 전화를 하게 된다. 또한 남편은 아이들 챙기느라 집안일하느라 바빠 남편이 들어오는 줄도 모르는 서운한 상황에 "나는(주어) 아무도 나를 반겨 주지 않으니(상황) 돈 버는 사람으로 느껴져요(감정). 우리가 가족이라는 느낌이 들 수 있도록 나를 반겨주면 좋겠어요(요청)."라는 순서대로 말을 하면 아내뿐만 아니라 아이들도 아버지를 반기는 가족문화가 형성될 것이다. 여기서 중요한 것은 목소리를 편안하고 부드럽게 상대가 들을 수 있도록 해야 한다는 점이다. 좋은 말이라도 목소리가 크면 상대의 감정을 건드리기 때문에 내용 그대로 받아들이지 못하는 결과를 가져올 수 있다. 또 서운한 일이 있을 때 일단 배우자를 탓하는 습관 역시 싸움의 원인이 되므로 무조건 상대를 비난하고 보는 습관 역시 버려야 한다.

주어를 나(1인칭)로, 그리고 상황-감정-요청 순으로 말하는 태도를 가족의 모습으로 자리 잡게 만드는 것이 중요하다. 그리고 부부 관계에서 일어나는 부정적인 태도를 비난받더라도 먼저 인정하고 자신이 왜 그러한 태도와 말을 했는지를 해명한다면, 아이들도 이를 본받아 친구 관계에서 자신이 실수한 부분에 인정을 먼저 함으로써 좋은 친구 관계로 학교생활을 할 수 있게 된다. 아이들 역시 상처받는 일이 생기더라도 자신의 감정을 표현하는 사회성을 익힐 수 있게 될 것이기 때문이다.

그러나 아무리 소통에 문제가 없게 서로 배려하고 조심한다 하더라도 이혼을 선택해야 하는 상황은 올 수 있다. 현대에서 결혼이 경제적인 상황이나 개인의 가치관에 따라 의무가 아닌 선택으로 자리 잡았듯 이혼도 마찬가지다. 문제가 있는 배우자와 계속 결혼생활을 하느니 빨리 정리하고 새 삶을 사는 것이 옳다고 여기게 되었다. 그리고 이는 올바른 선택일 수도 있다.

하지만 앞서 이야기했듯, 이혼을 하고 나면 이혼을 한 당사자나 아이나 평탄한 삶을 살아가는 것이 어려워진다. 특히나 부모의 이혼으로 갑자기 엄마나 아빠, 둘 중 한 사람을 잃어버리게 된 아이들은 혼돈으로 살아간다. 아버지의 경우 경제활동과 더불어 엄마의 역할까지 도맡아야 한다면, 엄마의 경우에는 경제적 어려움으로 힘겨운 삶을 시작한다. 결국 부모도 아이도 주홍글씨처럼 가슴 깊이 상처의 흔적만 남게 된다.

어린 자녀가 있다면, 이혼은 끝이 아니다. 아이라는 접점이 있기 때문이다. 그러니 나는 이혼을 하고도 끝내지 못하는 관계로 남느니 차라리 시기를 좀 늦춰 아이가 고등학교 졸업 후에 하기를 권하고 싶다. 시기를 늦추다 보면 갈등을 해결할 수 있을지도 모르고, 또 아이보다는 부모가 더 참고 견딜 수 있는 힘이 있다고 생각하기 때문이다. 아이 역시 성인이 될 즈음이면 부모의 불행을 이해하고 "엄마 아빠, 이제 제 걱정 마시고 이혼하세요!"라는 말을 할 수도 있다. 사실 부부갈등의 원인은 어린시절 해소되지 않은, 알 수 없는 감정들로 인해 주어지는 나의 부정적인 말과 행동 때문이다. 하지만 나를 보지 못하고 배우자를 탓하는 태도는 이혼으로 가는 지름길이 되기도 한다. 나의 해결되지 않은 감정을 바라보지 못한 이혼은 다른 배우자를 만나게 되더라도 또 다른 연결고리로 갈등은 이어질 수 있다.

가족은 결혼이라는, 남녀의 조화로운 관계로 출발한다. 그리고 일반적으로 부부가 된 두 사람은 서로를 의지하면서 딱히 역할을 정하지 않더라도 무탈하게 살아간다. 하지만 두 사람 사이에 자녀가 생기게 되면 역할에 대한 갈등이 시작된다. 그리고 맡게 된 역할을 수행함에 있어 대화방법이 매우 중요한 요소로 자리 잡게 된다.

부부, 자녀 관계 연구의 세계적인 권위자이자 전문가인 존 가트맨(John Gottman)은 긍정적인 감정에 초점을 둔 대화는 성공적인 결혼생활을 보장한다고 했다. 그의 과학적 연구에 기반을 둔 저서 『행복한 부부 이혼하는 부부(The Seven Principles for Making Marriage Work)』는 실제 사례를 바탕으로 '크고 작은 갈등부터 외도라는 큰 문제까지, 그 회복의 핵심은 신뢰를 바탕으로 한 소통'이라고 말한다. 하지만 부모 역할에서 갈등은 상대방을 신뢰하지 못한다는 정서가 담겨 있다. 서로 다른 환경에서 자란 남녀가 만나 부모가 된 상태이다 보니 자신이 보고 자란 환경과는 다른, 상대의 양육방식을 믿지 못하거나 옳지 않다고 여기게 되는 상황이 생길 수도 있다. 부부가 서로의 방식을 고집하다 보면 서서히 갈등이 시작될 수밖에 없다. 그러므로 부모 역할에서의 대화 방법은 현대에서 부모가 되기 전 반드시 배워야 할 덕목과 같다.

부모는 자녀 양육을 최우선 순위에 두고 최선을 다해야 한다. 하지만 초보 부모들은 어떻게 양육을 해야 할지 몰라 아이도 힘들고 부모도 힘들어진다. 준비되지 않은 상태에서 부모 역할을 해야 하니 어떻게 해야 할지 몰라 긴장하게 되고, 긴장은 갈등으로 연결되는 경우가 흔하다. 그리고 갈등이 심각해지면 깊어진 골로 인해 이혼이라는 선택을 하게 되기도 한다. 하지만 자녀를 둔 부모가 되었다면 이혼을 하더라도 두 사람의 역할은 끝나지 않는다. 끊을 수 없는 천륜이 생겨버렸기 때문이다. 끊으려야 끊을 수 없는 관계라면, 자신의 잘못을 인정하고 소통하는 대화로써 부모 역할을 해 나가기를 바란다.

02
부모의 감정, 아이에게 대물림된다

"야, 바보야 너는 왜 맨날 맞고 오니?"

부모의 불호령에 아이는 주눅이 든다. 아이도 맞고 싶어 맞은 것이 아닌데……. 부모들은 왜 이런 반응으로 속상한 아이의 자존심을 뭉개버리는 걸까? 그 이유가 뭘까? 바로 맞고 오는 아이를 본 부모의 속상한 마음 때문이다. 속상한 마음이 앞서니 앞뒤 분간을 하지 못하고 위와 같은 말을 내뱉게 된다. 그러나 아이는 힘든 순간 부모에게 위로받고 싶어 한다. 위로받지 못하면 아이의 행동은 반복된다.

아이가 놀다가 실수로 손을 다쳤다. 피를 보면 아이는 무서워한다. 엉엉 소리 내어 우는 아이를 보며 부모는 "조심하라고 했잖아!"

라고 큰소리로 야단을 친다. 아이의 마음을 챙기는 것이 아니라 아이의 행동으로 인해 속상한 부모의 마음을 강하게 표현하게 된다. 하지만 아이는 자신이 다침으로 인해 부모가 속상함을 느껴 야단친다는 것을 알지 못한다. 아이는 그저 조그마한 실수만 해도 야단치는 엄마를 보며 두려움을 느낄 뿐이다. 즉 부모를 괴물로 보게 되는 경우이다. 아이는 그 괴물과 마주하고 싶지 않아 실수하지 않으려고 노력하지만 마음대로 되지 않고 자꾸만 실수를 반복한다. 그러면 그때마다 어김없이 괴물의 고함소리가 들려온다. 아이는 괴물을 극복할 수 없다는 사실을 깨닫게 되고 스스로를 포기한다. 자존감이 바닥으로 떨어져 자기 자신을 놓아버리게 된다.

한번 떨어지게 된 자존감은 깨진 유리처럼 속이 훤히 보이지만 그만큼 부모와 돌이킬 수 없는 관계로 치닫기도 한다. 이를 회복하기 위해 부모는 몇 배의 노력이 필요해진다. 부모가 아무리 노력해도 이미 아이에게는 부모가 신뢰할 수 없는 존재로 각인되었기에 이를 외면하게 된다. 이러한 상황은 제대로 아이의 마음을 살펴주지 못한 부모가 스스로 만들어낸 결과물이므로 누구의 탓도 할 수 없다.

아이에게 말을 할 때는 그 말이 아이의 자존감을 해치는 말인지 아닌지 먼저 주의 깊게 살펴야 한다. 또한 혹시라도 지금 아이에게 하는 말이 과거에 내가 부모로부터 들었던 말과 어떤 연관이 있는 건 아닌지 깨달아야 한다.

만약 "야, 바보야 너는 왜 맨날 맞고 오니?"를 아이에게 자주 말을 한다면, 과거 부모로부터 들었던 말을 나도 모르게 내 아이에게 내 감정이 이입되어 하는 것일지 모른다. 아니, 실은 많은 경우에 부모로부터 들은 말을 그대로 한다. 과거 부모의 말에 의해 억울함과 화를 느끼게 되었던 감정들이 미해결 감정 상태로 남아 자신도 모르게 튀어 나온다. 때문에 아이들은 자신의 행동에 부모가 왜 화를 내는지 이해하지 못한다. 그러다 보니 혼란스러운 상태로 자라게 되고, 그 감정들은 아이의 마음속에서 제대로 해소되지 못한 채 어른이 되면 그대로 또 그 자녀들에게 대물림되기도 한다.

부모로부터 받은 부정적 감정들은 아이를 불안하게 만들어 병들게 한다. 부모가 아이의 문제행동에 과민반응을 보이는 것은 어렸을 적에 부모와의 관계에서 이해받지 못한, 해결되지 않은 감정이 표출되는 것일 가능성이 많다. 내 아이를 통해 살짝이라도 건드려진 미해결 감정들은 이성을 잃고 아이에게 화를 내는 모습으로 나타난다. 우는 아이를 보면 무슨 일인지 물어봐야 하는 게 부모로서의 올바른 태도이지만, 이를 망각하고 화를 내며 큰소리로 아이에게 야단을 치고 만다. 어떤 부모는 너무 슬프다며 우는 아이를 그냥 내버려 두기도 한다. 아이의 감정을 살펴주지 않고 방치해 버린다. 이렇게 내 아이의 문제행동에 과민반응으로 아이를 대하게 되면 내 아이의 자존감을 지켜주지 못하게 된다.

무너진 자존감은 자신을 믿지 못하게 만든다. 그래서 아이들은 '나는 뭘 해도 못한다'는 자기 개념적 사고로 자신감 없는 아이가 되기도 한다. 이러한 아이는 친구들의 괴롭힘과 따돌림에서 가해자와 피해자가 되기도 한다. 친구들과 자주 다투며 자신의 존재감을 확인하기 위해 사춘기가 되어 반항적인 행동으로 표출하다 보면 가해자가 된다. 반대로 친구의 부당함에 제대로 저항하지 못하고 우울감에 시달리며 자신의 모든 것을 회피하다 보면 피해자가 되는 경우도 생겨난다.

부모가 내 아이를 이해하기 위해서는 먼저 '나는 어떤 부모인가'를 이해해야 한다. 어느 날, 우윳빛 피부를 가진 나경이(초등2, 여)가 엄마와 같이 상담실을 찾아왔다. 나경이는 그림 그리기를 좋아하고 뭐든 자신이 주도하는 놀이를 잘하는 아이였다. 하지만 엄마는 나경이가 학교에서 괴롭힘을 당한다는 생각이 들어 아이를 보호하고자 온 힘을 다하고 있었다. 나경이는 학교 입학과 동시에 남자친구에게 자신의 물건을 빼앗기며 지내왔다.

어떤 부모든 내 아이가 학교에 입학하면 학급생활과 더불어 공부도 잘하기를 바란다. 나경이 엄마는 매일 필통에 새 연필과 새 지우개를 챙겨 주었지만 집에 돌아온 나경이의 필통은 텅 비어 있었다. 엄마는 담임과 많은 사람들에게 도움을 요청했지만 아무런 도움이 되지 않는다는 것을 느꼈고, 결국 아이를 보호하기 위해 아이와 함께 등교하여 복도에서 대기하는 상황에 이르게 되었다. 친구들과의 모습을 지켜본 나경이의 어머니가 더 속상했던 것은 나경이가 남자아이들의 행동에 아무 말도 하지 못한다는 사실이었다.

나경이와 이야기를 나누던 나는 아버지의 잔소리로 인해 아이에게 불편한 감정이 있다는 걸 알 수 있었다. 나는 업무로 바쁘다는 나경이 아버지를 어렵게 상담실로 모셨고, 아버지와 함께 보드게임을 하다가 말을 건넸다.

"혹시 아버님 자라면서 잔소리 때문에 힘드신 경험 있으세요?"
"아, 어릴 때 우리 어머니 잔소리 때문에 너무나 힘들었어요. 너무 듣기 싫었어요."

나경이 아버지는 일말의 망설임도 없이 쏟아내듯 잔소리에 대한 이야기를 내뱉었다. 나경이 아버지는 아버님이 일찍 돌아가시고 어머니가 형제 셋을 혼자서 키우셨다. 생업을 책임지느라 밖에 나가 일하고 집에 돌아오면 집안일까지 해야 하자 어머니는 아들들이 청소조차 제대로 도와주지 않는 것에 대해 심하게 잔소리를 하셨다. 나경이 아버지는 어린 시절 어머니의 잔소리를 이해하지 못했다. 그의 마음속에 어머니의 잔소리는 그저 진저리를 칠 만큼 싫은 것으로만 자리 잡고 있었다. 어른이 되어 아버지가 되었지만 엄마로부터 들었던 부정적인 감정은 나경이 아버지 안에서 해소되지 않은 채 남아 있었다. 그래서 집에 돌아와 나경이의 정리되지 못한 방을 보면 과거 어머니에게 들었던 잔소리를 하곤 했다. 자기도 모르게 무의식적으로, 마치 어머니가 빙의된 것처럼 나경이 아버지는 아이에게 똑같은 잔소리를 했다고 한다. 나경이는 이런 아버지의 태도에 주눅이 들어 남자에 대한 부정적인 감정을 갖게 되었고, 결과적으로 남자아이들이 자신의 물건을 가져가는 것에 아무런 대응도 할 수 없었다. 그리고 나경이 어머니는 아이의 상태를 전혀 모른 채 "남자친구들이 나경이를 괴롭혀요!"라고 말하게 되었다.

아이들의 자존감은 부모로부터 얻어진다. 그러나 많은 부모들이 "우리 아이는 자존감이 없어요. 어떻게 해야 할까요?"라며 외부에서 아이의 자존감을 찾으려고 한다. 그동안 나경이는 아버지의 잔소리로 인해 무의식중에 남자를 아버지와 동일시하여 그 어떤 말과 행동에도 대응하지 못했다. 나는 아버지에게 "이렇게 예쁜 나경이가 아버님의 말 때문에 남자들하고 말도 못하고……. 과연 남자가 없는 세계가 있을까요?"라고 말하며 과거 어머니에게 들었던 말이 지금의 나경이에게 어떤 영향을 미치고 있는지를 깨닫게 해주었다. 그리고 회사 일을 마치고 집에 도착하면 반드시 현관문 앞에 멈추어 호흡법(깊게 3번)을 함으로써 몸과 마음을 가다듬고 집안으로 들어가기를 권했다. 집으로 들어가면 나경이를 따뜻하게 보듬어 줄 수 있도록 했다. 또한 아무리 모르고 했던 말이라도 아버지가 잘못한 것을 인정하고, 무심코 던진 말들에 대해 나경이에게 진심으로 사과할 것을 권했다.

나경이 아버지는 그렇게 진정성 있는 사과의 말을 아이에게 건넸고, 그 순간 나경이는 아버지의 품에 안겨 세상에서 가장 행복한 딸이 된 듯 얼굴 가득 행복한 표정을 지었다. 그리고 한참 후 나는 우연히 마주친 나경이 어머니로부터 "나경이는 이제 남자아이들과 잘 소통하는 아이가 되었어요!"라는 말을 전해 들을 수 있었다.

부모라면 누구나 내 아이의 자존감을 키워주고 싶어 한다. 분명한 것은 그 자존감은 외부의 요인이 아니라 부모의 말로 만들어진다는 점이다. 아이에게 '나는 괜찮은 사람이야!'라고 스스로를 믿을 수 있게끔 사고를 심어줄 수 있는 사람은 부모뿐이다. 백만장자가 된 사람들을 대상으로 그 비결이 무엇인지를 물어보면 백이면 백, 그들은 '나 자신을 믿었다.'라는 답을 한다.

부모가 아이에게 어떤 말을 해주느냐에 따라 아이도 자신을 스스로 믿는다. 이 믿음은 세상을 살면서 어떠한 어려움도 헤쳐나갈 수 있는 큰 원동력이 된다. 자존감이 충만한 아이들은 누군가로부터 비난을 받거나 예기치 않은 실수를 하게 되더라도 흔들리지 않으며 자신을 지켜낸다. 아이는 부모의 말을 먹고 자란다. 부모가 아이에게 보약 같은 말을 해주고 싶다면, 반드시 부모 자신의 감정이 어떠한지를 먼저 점검하고 아이에게 상처 주지 않는 말들을 심사숙고하여 건네도록 하자. 부모의 감정이 아이에게 그대로 대물림된다는 사실을, 절대 잊지 말자.

03

나와 남을 해치는
경계선은
어디일까?

"상정이가 반 친구들을 이유도 없이 주먹으로 때리는데, 아무리 하지 말라고 해도 말을 안 들어 골치가 아파요!"

오래전, 초등학교 2학년 담임 선생님 중 한 분이 잘생긴 남자아이를 데려온 적이 있었다. 아무리 친구를 괴롭히면 안 된다고 말을 해도 듣지 않는다며 선생님은 답답해했다.

나는 선생님의 주선으로 상정이의 어머니를 만났다. 그러자 어머니는 갑자기 상정이 아버지를 만나 달라는 요청을 하였다. 그렇게 화창한 봄날, 상정이의 부모님들은 상담실로 나를 찾아오셨다. 그리고 상정이 아버지와 이야기를 나누던 나는 내 귀를 의심했다. 아버지의 태도에 깜짝 놀란 것이다.

"상정아, 학교생활 힘들지, 아빠 몸을 때려봐."

상정이의 아버지는 나름대로 아이를 사랑하는 마음에, 아이가 학교생활 스트레스를 많이 받는 것 같아 아빠를 때려보라는 놀이를 하는 것 같았다. 그렇게 아이와 소통을 해오고 있었다. 간혹 '아이와 어떻게 소통을 해야 할지 몰라 장난삼아 아이의 몸을 터치했다가 짜증만 들었다'는 경우는 종종 보았지만 아이에게 부모의 몸을 때리라고 하는 경우는 또 의외였다. 그리고 아버지가 상정이에게 제안한 이 놀이가 아이를 학교폭력 가해자로 만들었다는 것을 깨달았다. 상정이에게 맞은 아이들은 상정이와 놀고 싶은 마음에 다가갔다가 맞게 된 셈이다. 얼마나 황당했을까? 하지만 상정이는 그게 잘못된 것임을 몰랐다. 즉 상정이 역시 가해자이면서 피해자였다. 아이는 아빠와의 놀이를 통해 '타인과 소통하는 방법'을 다른 사람을 때리는 것으로 배우고 있었다.

부모와 아이 사이에서 이루어지는 상호작용 방법은 다양한 형태로 이루어진다. 상정이 아버지의 경우, 너무나도 사랑하는 아들을 위해 자신의 몸을 내어줌으로써 아이와 상호작용을 했다. 다른 방법을 몰랐기 때문이다. 옳은 방법이 아니었지만 그럼에도 아빠는 행복했다. 아이가 즐거워하는 모습을 보며 그것이 좋은 소통법이라고 여겼다. 하지만 결과적으로 이는 아이와 어떻게 놀아야 할지를 모르는 아빠의 잘못된 사랑법이었다. 상정이가 배우게 된 소통법이 학교에서는 받아들여질 수 없는 방법이라는 것을 미처 생각하지 못했다. 상호작용은 면 대 면으로, 부모의 말과 아이의 말로 이루어져야 한다. 그리고 이때 주고받게 되는 말과 행동에는 어느 누구라도 지켜야 할 경계선(한계)이 필요하다.

일반적으로 부모들은 아이의 말과 행동을 어디까지 수용해야 하는지 그 기준을 제시하는 것에 어려움을 겪는다. 달라진 상황마다 부모로서의 입장이 달라지기 때문이다. 또 같은 상황일지라도 부모의 감정에 따라 기준이 달라지기도 한다. 아이들은 혼란스러울 수밖에 없다. 부모가 일관성 없이 달라지는 감정에 따라 말과 행동을 달리 하니 아이들 입장에서는 어쩔 수가 없다.

부모는 아이를 사랑하는 마음으로 하는 말과 행동에 대해 분명한 선을 심어주어야 한다. 예를 들어 식당에서 뛰어다니는 아이에게는 "ㅇㅇ야, 여기는 우리만 사용하는 식당이 아니라 여러 사람이 함께 밥 먹는 곳이니 뛰면 안 돼!" 혹은 "식당에서 뛰어다니면 네가 다칠 수도 있고 다른 사람은 조용하게 밥을 먹고 싶은데 먹지 못할 수도 있으니 식당에서는 조용히 해야 하고 뛰어다녀서도 안 돼."라고 말로써 아이를 이해시켜야 한다. 부모는 '사람은 장소에 따라 해도 괜찮은 말과 행동이 있으며 또 해서는 안 되는 말과 행동이 있다'라는 한계와 경계를 아이의 머릿속에 만들어주어야 한다. 아이들은 세상을 부모의 말을 통해 배우기 때문이다. 아이는 부모의 말을 먹고 자란다는 이야기는 결코 과언이 아니다.

중요한 것은 아이가 잘 들을 수 있도록 부드럽게 말을 해주어야 한다는 사실이다. 아이의 잘못된 행동을 보고 부끄럽다는 생각에 갑자기 다른 사람 앞에서 큰소리로 화를 낸다면, 이런 부모의 행동은 아이에게 좋지 않을 뿐만 아니라 다른 사람들에게도 더 큰 피해를 주는 행동이 된다.

학교에서 아이들을 만나보면 서로 자기 행동이 옳다고 우기는 아이들이 있다. 이러한 아이들은 부모로부터 자신의 말과 행동을 어디까지 해야 하는 것인지, 그 '한계'를 듣지 못했기 때문이다. 즉 해도 되는 일과 해서는 안 되는 일을 구별할 줄 모른다.

아이에게 적용하는 말과 행동의 한계에 대한 기준은 '나와 남에게 해를 끼치면 안 된다.'이다. 예를 들어 내일모레 시험인데 중학생 자녀가 친구들과 유명한 가수 콘서트를 보러 가려 한다고 하자. 이 상황에서 부모는 아이에게 감언이설이나 협박으로 '시험공부해야지 어딜 가냐'며 잔소리할 필요가 없다. 부모는 아이에게 "네가 콘서트에 참석했을 때 너는 좋겠지만 나는 네 성적이 걱정되는데. 너는 어떠니?"라고 질문을 던지며 아이의 생각을 이끌어 주면 된다. 그리고 이후가 중요하다. 아이가 가든 안 가든 그 선택에 따른 책임 역시 아이가 지도록 해야 한다. 아이가 콘서트를 가는 것이 자신한테 이득인지, 가지 않는 것이 이득인지를 따져보도록 하는 방법이다.

만약 평상시 부모로부터 말과 행동의 한계를 배우고 적용해온 아이들이라면 '아! 내가 오늘 콘서트에 가면 내 성적이 낮아질 수 있겠구나!' 하며 스스로 판단하고 깨달을 수 있다. 이런 아이들의 경우 그럼에도 불구하고 정말 그 콘서트를 가고 싶다면 미리 공부를 하여 성적에 방해를 주지 않는 방법을 스스로 모색한다.

자라면서 부모와 올바른 소통법이 형성된 아이들은 자신의 인생을 스스로 설계한다. 하지만 매사 부모가 시키는 대로 하며 자란 아이들은 '잘되면 제 탓, 못되면 부모 탓'을 하게 된다. 부모가 가진 생각은 상황에 따라 옳을 때도 있고 그렇지 못할 때도 있다. 또한 부모가 아이의 삶에서 일일이 옳고 그른 것을 구분해 줄 수도 없다. 따라서 부모는 아이 스스로가 행동하는 것에 대한 옳고 그름을 판단할 수 있는 기준을 머릿속에 세우도록 해주어야 한다. 행동의 한계를 가르쳐준다는 것은 이렇듯 '아이가 스스로 판단하고 거기에 책임질 수 있는 행동을 하도록 돕는 방법'이다.

어느 부모나 내 아이가 스스로 판단하고 자신이 한 행동에 책임질 줄 알기를 바란다. 하지만 정작 부모 자신이 '행동에 대한 한계'를 정하지 못한 상태에서 자녀에게 도덕과 인성을 가르친다는 것은 어불성설이다. 즉 부모가 먼저 모범이 되어야 한다.

오래전, 동우 어머니는 초등학교 학부모회장직을 맡았다. 그녀는 경제적으로 여유가 있었고, 동우를 회장으로 이끌기 위해 궂은 일도 마다하지 않는 등 어떤 일이든 아들을 우선으로 학교 일을 수행했다. 동우 어머니의 노력 덕분에 동우의 잘못된 행동들은 겉으로 드러나지 않고 수면 아래로 가라앉았다. 어머니의 영향력 탓에 선생님들조차 동우의 잘못된 행동을 지적할 수 없었다. 그렇게 동우는 6학년 때 전교어린이 회장이 되었고, 성공적인 어린 시절을 이뤄가는 것처럼 보였다. 그러나 중학생이 되면서부터 동우의 삶은 달라졌다.

중학생이 된 동우는 친구들로부터 시달림을 받게 되었다. 초등학교 시절 잘못된 행동을 바로잡지 못한 동우는 중학생이 되어서까지 거침없이 행동했고, 친구들은 그런 동우를 멀리할 수밖에 없었다. 급기야 동우는 학교를 그만두기로 결정하기에 이르렀고, 결국 부모의 경제력을 바탕으로 해외유학을 가게 되었다. 부모의 잘못된 사랑 때문에 잘못된 초등학교 시절을 보내게 된 것이 아이의 십대를 망치게 만들었다. 이렇듯 어린 시절에 아이가 행동에 대한 한계를 배울 기회를 갖는 것은 매우 중요하다.

부모가 내뱉는 '하지 마!'라는 말은 아이를 불안하게 만든다. 또한 이 말이 '어디까지 하지 말라는 건지'를 잘 모를 때 아이는 위축되기도 한다. 그러므로 한계를 적용함에 있어서 '나와 남에게 방해가 되지 않는 말과 행동은 얼마든지 해도 된다.'는 기준을 아이가 생활 속에서 자연스럽게 세울 수 있게 말해주는 것이 중요하다.

상정이의 아버지나 동우 어머니는 부모로서 최선을 다한 삶을 살았다. 하지만 아이를 사랑하는 방법에는 좋은 방법과 좋지 못한 방법이 있다. 상정이 아버지는 아이에게 자신의 몸을 때리도록 한 것이 상정이에게 '소통이란 다른 사람의 몸을 때리며 주고받는 것'으로 습득되게 되리란 사실을 몰랐다. 동우의 어머니 역시 자신의 열등의식을 돈으로 과시하며 아들을 보호하고자 했던 것이 동우에게 '옳은 일을 하면 보상을 받고 그른 일을 하면 벌을 받는다'라는 사실을 배울 기회를 빼앗는 일이란 사실을 몰랐다.

결과적으로 두 아이는 부모가 제대로 인식하지 못한 '행동의 한계' 때문에 아이들이 고스란히 피해를 떠안게 된 케이스들이다. 부모가 적용하는 행동의 한계, 즉 양육 태도는 이처럼 모든 아이들의 인성교육에 있어 밑바탕이 된다.

가끔 부모들은 아이가 생각지도 못한 일을 하려고 하는 경우를 맞을 때가 있다. 아이가 "엄마 아빠, 이거 해도 되나요?"라고 묻는 경우 말이다. 그때 아이에게 "그 일을 하면 너에게 해가 되지 않을까?" 혹은 "그 일을 하면 남에게 해가 되지 않을까?"라고 물어보는 것이 중요하다. 그리고 아이가 나나 남에게 피해를 주는 일이 아니라는 것을 알고 "네."라고 대답한다면 이때 "그럼 얼마든지 해도 돼!"라고 이야기해 주어야 한다. 하지만 남에게는 해가 안 되지만 나에게 해가 되거나, 나에게는 해가 안 되지만 남에게 해가 되는 말과 행동은 하면 안 된다. 둘 중 누구에게라도 해가 되는 일이라면

하면 안 된다는 것을 알려주어야 한다.

학교폭력 예방교육 설문조사를 하다 보면 '괴롭힘을 당할 만한 아이가 당하는 것은 괜찮다.'라고 답하는 아이들이 있다. 그러면 이때 나는 "그럼 그 한 사람이 너라면 어떨까? 좋겠니?"라고 묻는다. 그러면 아이들은 깜짝 놀란다. 사소한 일이지만 다른 사람에게 해가 된다는 것을 그동안 잘 몰랐기 때문이다.

부모의 '나와 남에게 방해가 되지 않는 말과 행동은 얼마든지 해도 된다.'라는 말은 아이가 좋아하는 일에 몰입할 수 있게 만들어준다. 또한 스스로의 말과 행동에 한계를 적용한 부모의 언행을 경험한 아이들은 자신을 보호하는 법도 알아서 배운다. 그렇게 자신과 타인을 보호할 수 있는 말과 행동을 제대로 배운다면, 이는 그 아이의 인성의 초석이 되어 세상을 두루 살피는 리더십을 심어주게 된다.

04

좋아하는 일과 잘하는 일을 못 찾아도 자신의 크기를 찾아간다

"우리 아이 진로검사를 좀 하고 싶습니다."

어느 날 한 아버님께서 말쑥한 청년을 데리고 찾아오셨다. 청년은 이 상황이 창피한 듯, 아무 말 없이 고개를 푹 숙인 채 부모님 곁에 앉아 있었다. 나는 홀랜드 진로탐색 자격을 갖추고 있었지만 아버님께 "아버님 진로검사를 하시려는 이유가 있으세요? 제 생각에는 진로검사가 별로 도움이 되지 못합니다."라고 말씀드렸다. 그리고 "아드님이 인간관계에서 어떤 어려움을 겪고 있지는 않은가를 살펴보시는 게 더 도움이 될 것 같아요."라고 덧붙였다. 그러나 이런 내 이야기를 들은 아버님은 그냥 돌아가셨다. 그렇게 청년의 문제는 넘어가는 듯했다.

"곰곰이 생각하니 선생님 말씀이 맞는 것 같습니다."

며칠 후, 전화가 왔다. 아버님은 내 말이 맞는 것 같다며 다시 방문을 원한다고 했다. 그렇게 아드님과 다시 나를 찾아오신 아버님은 "아들이 군복무도 마치고 전문대학도 졸업했는데 직장을 가지지 못하고 있습니다. 직장에서 3개월을 못 버텨요!" 하며 아들에 대한 불만을 쏟아놓았다. 아버님께서는 개인적인 인연으로 대기업에 아들을 취직시켜도 이를 견디지 못하고 나오는 아들이 이해가 되지 않고 답답하다는 것이었다.

많은 부모들이 아이의 특성과 재능을 알아보기 위해 진로탐색검사를 하고는 한다. 가장 손쉽게 접근할 수 있는 방법이기 때문이다. 하지만 이 검사를 통해 아이들의 진짜 재능과 적성을 정확하게 파악하기는 힘들다. 환경에 따라 마음이 수시로 변하기도 하고, 그 외의 요인들에 영향을 받기도 하기 때문이다. 진로탐색을 할 때는 학생들에게 "네가 좋아하는 것을 찾아봐!" "네가 잘하는 것이 무엇인지 찾아봐!"라는 말을 한다. 이런 말들은 미래에 가질 직업을 위해어떤 준비를 해야 할지를 어려워하는 아이들에게 가장 쉽게 할 수있는 말이다.

공부에 대한 부담감으로 자퇴를 결심하게 되는 고등학생들의 경우, "선생님 제가 뭘 좋아하고 잘하는지를 모르겠어요!"라며 하소연한다. 성적만 좋으면 원하는 대로 대학이나 직업을 선택할 수 있는 것이 현실이기 때문이다. 상황이 이렇다 보니 하고 싶은 일은 그림을 그리는 직업임에도 높은 성적을 요구받게 된다. 주변에서 성적을 좋게 받아 명문대에 들어가야 한다는 압력을 주기 때문이다. 아이는 어쩔 수 없이 그림은 제쳐둔 채 성적을 위한 공부에 매달리게 되고, 결국 성적에 맞는 대학을 선택하게 된다. 심지어 매우 낮은 성적을 받게 되는 아이들의 경우에는 가고자 하는 학과를 선택할 기회마저 가지지 못하기도 한다. 원하는 것과 원하는 것을 위해 요구되는 원치 않는 공부는 아이들을 "내가 정말 좋아하는 게 뭔지 모르겠어!" 하게 만들고, 결국 이런 혼란스러움 때문에 아이들은 자신의 낮은 성적을 합리화시킨다. 그리고 낮은 성적은 자존감이 밑바닥까지 추락하게 되는 큰 원인 중 하나가 된다.

나는 진로에 대한 문제 때문에 스스로 포기하거나 뭘 해야 할지 몰라 찾아오는 학생, 청년들에게 솔직하게 말하곤 한다. "선생님은 박사학위를 취득했는데 정말 내가 상담을 좋아하고 인간관계를 위한 교육을 잘하는 건지 모르겠어!"라고 말이다. 그리고 "지금은 화가가 되려고 그림공부도 하고 있어. 진로에 대해 정답은 없어."라고 덧붙인다. 정말 솔직한 내 마음이자 생각이 이러하기 때문이다.

어느 날 대학생인 은영이가 기운 없는 목소리로 내게 전화를 했다.

"선생님, 교수님이 아인이에게는 대학원을 가라고 하셨는데 저한
테는 졸업하고 나면 사업을 하래요."

"아인이는 공부를 잘하니까 대학원에 진학하라는 말을 듣고, 너는
사업하라고 하니까 무시당하는 것 같니?"

"네."

은영이는 교수님의 말이 무척이나 섭섭한 듯했다. 하지만 나는
은영이에게 아래와 같이 말해주었다.

"선생님이 세상을 살아보니까 잘하고 못하는 게 중요한 것이 아니더
라. 포기하지 않으면 내가 가질 것이 있지만 포기하면 아무것도 가지
지 못한다는 거. 그게 가장 중요하더라고."

사실 은영이는 그림을 좋아하는 감성적인 아이로 공부에는 관
심이 없었다. 고등학교 성적 역시 반에서 꼴찌였다. 은영이는 그렇
게 지방의 사립대학에 입학했고, 입학을 한 뒤에도 공부보다는 노
는 데에 더 많은 시간을 할애하고 있었다. 그러다 보니 자연스럽게
성적은 F학점으로 도배가 되었다. 문제는 여기서 발생했다. 등교만
하면 자연스럽게 졸업할 수 있는 고등학교와 달리 대학은 그럴 수
없다는 것을 알게 된 은영이는 그제야 심각성을 깨닫게 되었다. 은
영이는 학과 교수님을 찾아갔다. 그리고 솔직하게 "공부를 하고 싶
은데 어떻게 해야 할지 모르겠어요."라고 말씀드렸다. 하늘은 스스

로 돕는 자를 돕는다고 했던가. 다행스럽게도 교수님은 이제까지 공부라고는 한 번도 해 보지 않은 채 대학에 오게 된 은영이의 부끄러운 고백을 받아주었다.

교수님은 자신의 연구실 한쪽 구석에 독서대 2개를 마련해 은영이를 아인이와 함께 공부하게 했다. 아인이는 대학에 들어올 때 1등으로 들어온 친구였기에 친구를 보면서 스스로 노력하라는 의미였다. 그렇게 연구실 한구석에서 석사 언니와 함께 1등과 꼴찌가 같이 공부하는 풍경이 펼쳐지기 시작했다. 하지만 얼마 지나지 않아 아인이가 먼저 학업을 포기하고 학교 밖으로 나가버렸다. 반면에 은영이는 대학을 졸업할 때까지 포기하지 않고 버텨냈다. 그리고 F학점을 받은 과목들도 계절학기로 메꾸어 우수하다고 할 만큼은 아니었지만 좋은 성적으로 대학을 졸업했다. 그리고 현재 서울의 00대학교 대학원에서 석사학위를 받기 위해 공부중이다. 때로는 포기하는 삶보다 버티는 삶이 중요하다.

많은 부모들이 아이에게 고등학생일 때 공부를 잘해야 한다고 압력을 가한다. 하지만 사실은 그렇지 않다. 대학공부가 더 중요하다. 나는 내게 찾아와 학업을 중단하려는 청소년들에게 말한다.

"지금 당장은 힘들어 포기하고 싶겠지만 포기하면 또 다른 것들을 포기하게 되는 상황이 반드시 올 거야. 그러면 그게 너를 더 힘들게 할 거야. 지금 공부가 힘들다면 좀 쉬어가도 돼. 대학에 가면 만회할 기회가 있거든. 하지만 대학에서도 쉬어가게 되면 그때는 정말로 만회할 기회는 없어. 지금 네가 처한 상황을 받아들이고 포기하지 않는다면, 인생의 길잡이를 만날 수 있을 거야."

나는 단호하게 "포기하면 네가 이룰 수 있는 것은 없어!"라고 말해준다. 포기하지 않고 기회를 놓치지만 않는다면, 경험을 통해 통찰을 할 수 있기 때문이다. 내가 이야기한 것 중 '자신이 처한 상황'이란 부모님이나 재정적인 요건 등 매우 다양한 환경 요소들을 말한다. 그런데 이러한 요소들은 모두 각각 다르게 주어진다. 그 환경 내에서 주어진 것들을 받아들이고 경험하는 것이 중요하다.

최근 많은 학생들이 4차 산업시대 AI의 등장으로 자신의 일거리가 없어질 것이라는 막연한 두려움 때문에 당장 해야 할 일을 놓아버리곤 한다. 무서울 정도로 빠르게 삶에 접목되어 가는 인공지능과 지능정보로 인해 마치 자신들의 미래에 큰 벽이 세워진 것처럼 느낀다. 하지만 분명한 것은 어떤 미래가 펼쳐질지는 아무도 장담할 수 없다는 사실이다. 그러니 아직 오지 않은 미래 때문에 의욕을 상실하기보다는 현재를 즐기며 열심히 노력하는 것이야말로 각자에게 맞는 진로를 찾는 길이 될 수 있다.

사람은 적응의 동물이다. 그래서 좋아하는 일과 잘하는 일을 못 찾아도 자신의 삶을 무탈하게 살아간다. 부모는 자신들이 가진 막연한 불안 때문에 아이들을 이리 뛰고 저리 뛰게 만드는 진로체험을 시키는 것이 옳은 부모라고 느낀다. 남들이 하는 것은 다 해줘야만 좋은 부모라고 착각한다. 아이는 아직 어리기에 부모가 가자고 하면 어쩔 수 없이 따라갈 수밖에 없다. 적어도 그렇게 따라나서면 군것질거리라도 입에 넣을 수 있는 즐거움이 따라오기 때문이다. 하지만 차츰 자신의 색깔을 드러내기 시작하는 사춘기가 되면 아이들은 "혼자 있고 싶어요!"라 말한다. 억지로 아이들을 끌고 다닌 것에 대한 부작용이 나타나게 된다. 부모 주도가 아닌 아이 주도의 체험교육이 이루어져야 하는 이유다.

부모가 해야 한다고 생각하는 것과 아이에게 필요한 것은 엄연히 다르다는 것을 인지해야 한다. 예를 들어 부모들은 다른 집이 해외여행을 가면 우리 집도 가야만 한다고 생각해 무리하게 이를 진행하곤 한다. 하지만 정작 아이들에게 필요한 것은 해외여행이 아니다. 아이들은, 낚시를 하든 캠핑을 하든 부모님과 소통하며 즐거움을 찾으려는 욕구가 더 많다. 익숙하지 않은 외국에 나가 낯선 문화 속에서 이리저리 끌려다니는 해외여행보다 캠핑장에서 엄마, 아빠와 함께 라면을 먹으며 오순도순 보드게임을 하는 것이 아이들에게는 더 큰 소통과 즐거움이 된다. 물론 아이가 해외에 대한 테마를 가지고 스스로 여행을 주도한다면 해외여행도 좋다. 하지만 원치 않음에도 끌려가게 되는 해외여행이라면 아이들은 아무런 추억도 갖지 못하는 여행을 하게 되는 셈이다.

가끔 이제 겨우 연필을 잡을 수 있게 된 아이에게 학습지를 시키거나 제대로 앉지도 못하는 아이를 문화센터 교육에 밀어 넣고는 "저는 우리 아이에게 지능발달을 시켜요!" 하는 부모를 만나곤 한다. 단언컨대 이는 부모의 무지를 아이에게 강제로 경험시키는 매우 참담한 일이다. 이러한 성장 과정을 거친 아이들은 자신이 좋아하고 잘하는 일을 찾지 못하게 되기 때문이다. 자율성을 박탈당한 채 시키는 대로만 살아온 세대가 부모가 됨으로써 생기게 되는, 안타깝지만 바람직하지 못한 케이스다.

사람에게 있어서 지능은 빙산의 일각이다. 그리고 보이지 않는 큰 면적을 차지하고 있는 것이 바로 정서 영역이다. 앞서 이야기했던 청년의 경우도 그랬다. 청년의 아버지는 기업체의 해외 주재원으로 근무하던 시절에 아들을 해외(영국, 인도 등)에서 공부시켰다. 그러나 어린 아이였던 청년은 낯선 타국에서 이방인 취급을 받으며 외톨이로 지냈다. 성인이 되었지만 그때 상처받은 마음이 여전히 회복되지 못함으로써 회사생활에도 적응하지 못했다.

아이들은 부모가 행복하게 사는 모습을 보고 싶어 한다. 그러므로 부모 자신이 행복하게 살아가는 현실을 보여 주면서 아이를 믿는 마음을 보여 주는 것이 매우 중요하다. 자녀는 건강하게 삶을 살아가는 부모를 볼 때 그 속에서 자신도 무슨 일을 하면 삶을 즐기며 살아갈 수 있는지를 찾아간다.

어떤 부모든 내 아이가 좋은 대학을 나와 명성을 떨치며 성공적인 삶을 살기를 바란다. 이는 비단 대한민국만이 아니라 전 세계 모든 부모들의 마음일 것이다. 그러나 먼저 알아두어야 할 것은 좋은 대학을 가는 것은 지적인 능력이지만 사회생활을 하는 인간관계는 정서적인 능력의 영역이라는 사실이다. 성공적인 삶은 지적인 능력과 정서적 영역이 조화를 이루어야 가능하다. 그러니 내 자녀가 성공적인 삶을 살기를 바란다면 우선 부모가 할 수 있는 모든 것을 아이 주도로 바꾸어야 한다.

진정 아이의 진로를 위한다면 아이가 말을 할 수 있을 때까지 기다려주어야 하며 학습지나 학원, 그리고 여행 등의 활동들을 느리더라도 반드시 소통하며 이루어가야 한다. 그래야만 아이들은 엄청난 능력을 발휘하는 힘을 가질 수 있게 된다. 또한 부모의 행복한 삶을 보고 자란 아이들일수록 자신의 진로를 스스로 탐색하고 경험하며 그 속에서 스스로를 통찰하고 미래비전을 세울 수 있다. 즉, 부모의 말과 삶 속에서 행복을 느낀 아이들이야말로 자기 자신을 포기하지 않으며 그 그릇의 크기를 찾을 수 있는 아이로 자란다.

05

온라인 속에
갇힌
아이들

요즘 아이들의 꿈은 유튜브 방송인이다. 하지만 이를 보는 부모들의 속은 타들어간다. 아이들이 밤새 유튜브를 보거나 인터넷 게임에만 빠져 지내기 때문이다.

"인터넷 게임에 빠져서 먹지도 자지도 않으니 걱정이 이만저만이 아니에요!"

"유튜브를 못 보게 하려고 핸드폰을 뺏었더니 방에서 나오지를 않아요!"

"자기 꿈을 이루겠다면서 방문을 잠그고는 학교 가는 게 시간 낭비 래요!"

자녀들이 학업에 집중하기를 바라는 부모들의 마음과 달리 아이들은 스마트폰 세계 속에서 하루의 대부분을 보낸다. 요즘 아이들이 이렇게 된 가장 큰 이유는 과연 무엇일까? 그건 바로 감정조절력 때문이다.

학교상담실에 있을 때의 일이다. 한 선생님이 사직서를 써야 할까 심각하게 고민 중이라며 나를 찾아왔다. 사직을 고민하게 된 이유는 이러했다. 선생님의 아이가 아침마다 유치원에 가기 싫다며, 고래고래 소리를 지르면서 운다는 것이다. 나는 선생님께 아이와 함께 상담실로 방문하기를 청했다. 그렇게 만나게 된 은비에게 나는 종이와 색연필을 내주며 말했다.

"은비야, 이 어항에 가족을 물고기로 그려보자."

은비는 거침없이 그림을 그리기 시작했다. 그리고 잠시 후, 나는 아이가 물고기 한 마리를 어항 위로 밀어내는 그림을 그리는 것을 보고 물었다.

"이 물고기는 누구니?"

"동생이요."

더 이상 탐색을 할 필요도 없었다. 은비는 새로 태어난 동생에게 부모를 빼앗겼다고 생각하고 있었다.

"선생님, 은비에게 동생이 있나요?"

"네, 둘째 낳고 육아휴직 마친 뒤에 학교에 온 건데, 은비가 아침마다 유치원 가기 싫다고 막무가내로 울어요. 유치원에서는 잘 논다고 하는데. 도무지 뭐가 뭔지 모르겠어요."

나는 선생님에게 "부모님 품에 안겨 맘껏 사랑을 받던 은비는 동생이 태어나자 동생에게 사랑을 빼앗겼다는 불안함을 느끼게 된 겁니다. 그래서 본능적으로 그런 행동을 하고 있는 것이죠."라고 알려드렸다. 즉, 은비는 그저 자신의 감정을 솔직하게 표출했을 뿐이었다. 하지만 부모 입장에서는 이러한 아이의 감정을 알기가 쉽지 않다. 알지 못하니 이해하지 못하고 이해하지 못하니 아이의 감정을 있는 그대로 받아줄 수도 없다. 그러다 보니 아직 감정을 조절할 힘이 없던 은비는 막무가내로 "유치원에 가기 싫어!"라는 행동을 함으로써 자신의 불안감을 표출하고 있었다.

은비와 같은 감정이 어린 시절부터 쌓이고 자라게 되면 이는 부모, 자식 간의 소통 부재로 이어지게 된다. 그리고 결국에는 아이가 인터넷 세상 속으로 숨어버리는 상황을 맞는다.

알파세대(2011~2015년 태어난 세대)는 태어나면서부터 컴퓨터와 스마트폰이 익숙한 세대이다. 사람의 목소리가 아닌 인공지능(AI)스피커와 대화하고, 스마트폰을 통해 동화를 들으며 동요를 같이 부른다. 그리고 이 알파세대의 부모들은 밀레니얼 세대(1980년대 초반

~2000년대 초반 출생한 세대)로서, 이들은 모바일과 소셜네트워크서비스(SNS) 등 정보기술(IT)에 능통하다. 즉 이들은 사람보다 기계와의 소통이 더 익숙하다. 때문에 밀레니얼 세대가 갖고 있는 문제는 인간관계에서 이루어지는 소통의 즐거움을 잘 모른다는 점이다.

코로나시대를 맞게 되면서, 성균관대학교의 최재봉교수는 새로운 디지털 문명에 익숙해지는 것이 경쟁력이라고 말한다. SNS는 기본이고 유튜브 방송, 그리고 재미있는 게임은 다해 보라고 권유하기도 한다. 하지만 이러한 주장은 자신의 감정을 조절할 수 있는, 감정조절력을 갖춘 상태가 베이스가 되어야 한다.

현재 알파세대인 많은 아이들이 공부와 친구관계 등에서 오는 어려움을 말로써 솔직하게 표현하지 못하고 도움을 요청하지 못한다. 이 아이들은 자라면서 '부모가 자신의 감정을 받아주지 않는다는 것'을 몸소 체험했기 때문이다. 그러다 보니 '내가 좋아하는 일만 하면 된다.'는 잘못된 틀에 갇히게 된다.

"게임 프로그래머가 될 거예요."

"일러스트레이터가 될 거예요."

"요리사가 될 거예요."

아이들은 그렇게 자신이 빠져 있는 세계에 당위성과 합리성을 부여하면서 제 발로 온라인에 걸어 들어가 그 안에 갇혀버린다. 문

제는 이런 아이들 중 태반은 진짜 자신의 감정이 무엇인지 모른다
는 사실이다. 이는 부모와의 소통을 통해 감정조절력을 익히지 못
했기에 벌어지게 되는 사태다.

일반적으로 부모들은 잔소리로 아이들을 대한다. 그게 부모의
감정표현 방법이기 때문이다. 먼저 알아두어야 할 것은 아이들은
태어나서 '배고픔'을 '울음'으로 '편안함'을 '웃음'으로 자연스럽게 표
현한다는 사실이다. 하지만 시간이 흐르면서 이러한 표현들이 부모
에게 받아들여지지 않으면 아이들은 감정을 표현하면 안 되는 것으
로 생각하게 된다. 즉 자연스럽게 '부모에게는 감정표현을 해서는
안 된다'라고 익히게 되는 셈이다.

마찬가지로 아이들은 부모의 언행을 보며 다른 사람의 감정을
알아주고 내 감정을 표현하는 것을 배운다. 얼마 전 건강가정지원
센터 부모교육에서 24개월과 36개월 된 유치원 아이 육아 문제로
힘든 부부를 만났다. 두 사람은 부부교사였다. 하지만 자녀 문제로
인해 부부가 함께 육아휴직을 내고 부모교육에 참석하게 되었다.
이들이 참여한 교육의 내용은 아래와 같았다.

아이들은 태어날 때 가진 기본욕구가 충족되지 않으면 울음으로
감정을 표출한다. 하지만 말을 하기 시작하면 아이들은 말을 통해
기본욕구를 해소하려고 한다. 안 되면 떼를 쓰기도 하고 공격성을
드러내기도 한다. 부모가 알아주지 않은 감정에 대해 아이들은 감
정을 행동으로 표현하게 된다. 하지만 부모들은 아이들의 느끼는

감정보다는 아이들이 보이는 행동에 초점을 맞춘다. 그래서 소통이 되지 않는다.

부모에게 자신의 감정이 받아들여지지 않다 보면 아이들의 감정 표현은 퇴화한다. 자신의 감정을 잃어버리고 표현하는데 어려움을 겪는다.

총 6회기인 교육의 중간, 3회기쯤 되었을 때였다. 아이의 아버지가 일찍 오셨기에 나는 인사를 주고받았다. 얼굴을 보니 내게 뭔가 할 말이 있는 눈치였다.

"아버님, 무슨 좋은 일이 있으셨나 봐요?"

"선생님, 우리 아이가 정말로 감정표현을 하고 있었어요."

"축하합니다. 이제라도 아이들의 감정을 바라볼 수 있게 된 것에 감사드려요. 이제 아이의 말을 듣고 감정을 따라가며 소통하시면 지금의 문제는 해결될 거예요."

마치 신세계를 발견한 듯, 감격스런 표정으로 이야기하는 아이 아버지의 모습에 나 역시 깊은 감동을 받았다.

많은 아이들이 '내 감정을 이해해 주는 사람이 없어 표현할 수 없다'라는 문제를 안고 자란다. 부모들은 '아이들이 부모에게 아무 감정도 표현하지 않는다'라고 말하지만 이는 사실이 아니다. 분명 아이들은 부모들에게 자연스럽게 감정들을 표현했지만 부모들이 이를 받아주지 않았다는 것이 팩트다. 그리고 결과적으로 '부모와 감정 소통을 하지 않게 되는' 문제가 생기게 되는 셈이다. 바쁜 일상 탓에 아이들의 감정을 제대로 보아주지 못한 것이 어긋난 부모자식 관계를 형성하게 만들고, 그렇게 부모와 단절감을 느끼게 된 아이들은 인터넷 세상으로 들어가 그 안에 갇혀버리게 된다.

현재 부모들은 아이들이 인터넷으로 즐기는 소통이나 놀이를 막을 수 없는 시대에 살고 있다. 코로나19 사태가 터짐으로써 그만큼 온라인 소통이 더 중요해졌기 때문이다. 직장인들인 어른들조차 회사미팅이나 그 외 업무적인 부분들을 비대면 만남으로 해결하고 수행한다. 아이들의 교육 역시 마찬가지다. 학교에 직접 나가지 않고 온라인으로 수업이 진행되기에 '인터넷은 학업에 방해된다.'라며 아이들이 인터넷하는 것을 무조건 막을 수 없게 되었다.

문제는 미성년자들의 경우 어른들과 달리 아직 뇌가 완성되지 못한 상태라는 점이다. 사람의 뇌(전두엽)는 일반적으로 평균 27세가 되어야 완성된다고 한다. 그래서 아이들에게는 감정교류가 더욱 절실하게 필요하다. 아이들이 전두엽적인 사고를 하고, 스스로 감정을 조절할 수 있도록 도울 수 있는 것이 바로 감정교류이기 때문이다.

감정을 조절한다는 것이 어떤 것을 의미하는지 잘 이해되지 않을지도 모르겠다. 예를 들어 한 아이가 학교에 다녀온 후 숙제나 학원을 가야 하는 상황에서 스마트폰에만 빠져 시간 가는 줄 모르고 있다면, 이 아이의 경우는 감정조절력이 약한 아이다. 반대로 아이가 하교 후에 해야 할 숙제나 가야 할 학원을 제대로 알고 이를 우선시하는 경우라면, 이 아이는 자신이 할 일을 하고 원하는 것을 즐길 줄 아는 아이다. 즉, 감정조절력을 가진 아이라는 말이다.

누군가는 "공부 잘하는 아이들도 밤새 게임을 하던데요?"라고 말한다. 그러나 이는 하나만 알고 둘은 모르는 얘기다. 공부를 잘하는 아이들은 시험기간에는 제 손으로 스마트폰을 던져 버린다. 그리고 시험을 다 치른 뒤에 밤새워 게임을 한다. 이처럼 스스로 조절력을 갖고 못 갖고의 차이는 겉보기에는 비슷해 보일지 모르나 실은 매우 큰 차이를 만들고 나중에는 비교할 수 없을 만한 차이가 된다.

부모와 원활하게 소통이 되는 아이들은 온라인 속에 갇히지 않는다. 앞서 이야기한 은비 부모님의 경우도 아이와 소통이 되지 않아 애를 먹는 케이스였다. 그러나 아이에게 엄마 품에 안겨 사랑받는 사진을 보여 주고, 출퇴근을 할 때 동생보다 먼저 안아주기 시작하자 '유치원에 가기 싫다며 마구 울던' 은비의 행동은 거짓말처럼 사라졌다고 한다. 감정을 알아주니 문제 행동이 사라지게 되었던 셈이다.

온라인 속에 갇혀버리는 아이들 역시 은비와 크게 다르지 않다. 자신의 감정을 알아주지 않는 부모를 믿지 못하게 되어 온라인으로 도망쳐 버리게 된다. 이런 아이들의 경우 부모를 믿지 않으면서도 경제적으로는 독립하지 못하는 캥거루족이 되기도 한다.

이런 아이들의 경우 더 큰 문제는 친구관계에서도 크게 어려움을 겪는다는 사실이다. 코로나로 인해 조금은 나아졌으리라 생각할 수도 있지만 사이버 불링(Cyber Bullying)으로 인해 피해 학생들이 겪는 고통은 변함이 없다. 사이버 불링이란 '사이버 상에서 한 사람을 집요하게 괴롭히는 행동'을 말한다. 즉 소셜네트워크서비스(SNS)나 카카오톡, 스마트폰 메신저 혹은 문자 메시지를 이용해 지속적으로 괴롭히는 행위이다. 사이버 불링의 형태는 매우 다양하다. 친한 친구가 초대를 해서 들어가 보면 한꺼번에 모두 나가버리고 혼자만 남게 만드는 '방폭'이나, 내 의사와는 상관없이 초대된 방에서 나가면 계속 초대하여 꼼짝달싹 못하게 하는 '카톡 감옥', 그리고 초대해 놓고 단체로 육두문자를 퍼붓는 '떼카' 등 어른들이 모르게 행해지는 아이들만의 폭력적인 소통방식으로 행해진다. 피해자인 아이의 경우, 이러한 욕설이나 비방을 수많은 친구들이 동시에 읽고 날리기 때문에 어떻게 대처할 수가 없다. 이때 중요한 것이 감정조절력이다.

사이버 불링과 같은 일들은 아이들이 사회인이 되기 전에 학교라는 작은 사회에서 충분히 겪을 수 있는 일들이다. 부모 입장에서 내 아이가 이런 일을 겪게 된다면 사실관계를 따지기보다는 내 아이가 입었을 마음의 상처를 먼저 어루만져주어야 한다. 그러면 부모로부터 위로받은 아이는 부모를 믿고 자신을 믿는다. 그렇게 부당한 일을 받는 상황이 주어져도 스스로 해결할 수 있는 용기와 힘이 생기게 된다.

즉, 감정조절력은 아이의 문제해결 능력이 되는 셈이다. 하지만 부모가 위와 같은 상황에서 사실관계를 따지게 된다면 어떨까? 위로받지 못한 아이는 부모와 스스로에 대한 믿음을 잃고, 때로는 피해자인 아이까지 가해자가 되기도 한다. 감정을 조절하지 못하는 아이들은 자신이 무슨 말을 하는지도 모른 채 이야기를 하게 되고, 부모에게는 자신이 잘한 일만 골라서 말함으로써 사실을 왜곡하기도 한다. 내 아이가 온라인 속에 갇히지 않게 하려면 부모의 원활한 의사소통이 매우 중요하다. 부모에게 충분히 위로받고, 감정을 스스로 조절할 수 있는 아이는 문제도 스스로 해결할 수 있다. 아이가 원활하게 소통하고 온라인 속에 갇혀 상처받거나 주지 않게 하려면 부모와 아이의 소통이 잘 되고 있는지 지속적으로 점검해야 한다.

에필로그

먼저, 지난 몇 년 동안 나에게 주어진 치유적 접근을 통해 만난 아이들과 부모교육을 통해 만나 인연이 된 분들에게 감사의 마음을 전하고 싶다.

그중에서도 감정코칭협회 최성애 박사님은 나의 상담접근법을 아이들의 행동보다 감정으로 들어갈 수 있도록 이끌어 주셨고, 이 감정소통법은 내가 지니지 못한 상담에 대한 자신감을 더해주었다. 또 학교프로그램으로 아이들의 행복한 학교생활을 돕기 위해 함께 스터디하며 활동한 팀원들에게도 고마움을 전하고 싶다.

많은 사람들이 내가 이 책을 쓸 수 있도록 도움을 주었다. 특히 학교 전문상담사, 초·중·고등학교 선생님, 교육청 장학사, 창원시와 더불어 경상남도 건강가정지원센터, 다문화가정지원센터, 경상남도 여성능력개발센터 등은 내가 이 책을 쓸 수 있도록 배려해 주었다.

이 책을 쓰면서 나름 이 세상의 아이들 행복을 위해 공부하며 연구하는 동안 힘들었지만, 나의 작은 소망으로 교실에서 선생님과 아이들의 소통, 가정에서 부모와 건강한 소통으로 희망을 품는 아이들의 모습을 한 명씩 다시 떠올리게 되어 즐거웠다.

나는 이 책을 통해 현재 학교에서 친구들과 다툼이 많거나, 코로나 시대 단체 대화방에 끼지 못해 힘들어하는 자녀를 둔 부모, 긍정적인 부모 역할을 하고 싶지만 자녀와 어떻게 소통해야 하는지를 찾아 헤매는 예비부모, 그리고 현재 성장한 자녀와 소통이 어려워 고통을 호소하지만 원인을 찾기 어려운 부모들에게 이 책을 전하고 싶다.

코로나 시대 원격수업으로 인해 스마트 기기 사용이 많아졌고 가정에서 감정소통이 중요하게 되었다. 어른들의 말 속에 감추어진 아이들 세상을 부족하지만 이 한 권의 책에 담아낼 수 있도록 용기를 준 정현미 선생님, 엔터스코리아 양원근 대표님, 아마존북스 유창언 대표님 그리고 늘 사랑으로 배려해준 가족들에게 감사를 표하고 싶다.